스스로 크는 아이
더불어 사는 아이

스스로 크는 아이
더불어 사는 아이

초판 1쇄 인쇄 2015년 9월 3일
초판 1쇄 발행 2015년 9월 14일

글 | 이향미, 김창욱, 허은미, 오나미, 이미선
기획 | 한국YMCA전국연맹

펴낸이 | 홍석근
편 집 | 김동관, 이승희, 김슬지
마케팅 | 이상덕

펴낸 곳 | 평사리(Common Life Books)
신고번호 | 313-2004-172 (2004. 7. 1)
주소 | (121-896) 서울시 마포구 서교동 475-13 원천빌딩 6층
전화 | 02-706-1970
팩스 | 02-706-1971
E-mail | commonlifebooks@gmail.com
Homepage | www.commolifebooks.com
978-89-92241-70-0 (03370)

YMCA 아기스포츠단의 중심 교육 생각

스스로 크는 아이
더불어 사는 아이

이향미, 김창욱, 허은미, 오나미, 이미선 글
한국YMCA전국연맹 기획

평사리
Common Life Books

차례

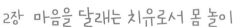

아이의 자기다움을 키워주자

저 높고, 큰 하늘에서 반짝이던 작은 별
지구로 살며시 내려와
엄마 품에서 아기가 되었다.
그 아이, 별을 닮은 아이
눈도 반짝반짝, 이마도 반짝반짝
세상이 궁금도 하여, 왜? 왜? 왜?

별이 지상으로 올 때는 망각과 함께 온다지
그래서 그 아이
하늘을 바라보는 시간이 줄어들수록
대지와 자연을 느끼는 기운이 흩어질수록
반짝이던 빛은 약해진다.

하지만 넌 별이야!
넌 너만의 별이야!

그것만은 잊지 말고,
마음 깊은 속에서 조용히 깜박거리는
생명의 빛을 봐라.

그 빛은
자연과 어울릴수록
이웃과 나눌수록
나답게 설수록
나만의 색깔로 세상을 따뜻하게 비춘단다.

아기스포츠단을 넘어가는 아이야
세상으로 나가는 아이야
세상의 빛과 소금이 되는 아이야

한국YMCA는 1976년에 아기스포츠단을 시작하였다. 당시의 유아 교육은 인지 활동을 중시하고 신체 활동을 등한시하던 분위기였다. 이와 달리 아기스포츠단은 몸, 마음, 생각을 통합하는 교육을 목표로 하였다. 오늘날까지 아기스포츠단은 이런 교육을 끊임없이 실천하고자 노력해 왔다. 이 과정에서 우리는 다섯에서 일곱 살까지의 아이들에게 평생을 튼튼하게 살아갈 삶의 바탕을 만들어 주는 것이 얼마나 중요한가를 절감해 왔다.

우리 사회는 여전히 유아 교육, 아니 어린이 교육 전반에 대한 잘못

된 인식이 광범위하게 자리 잡고 있다. 대부분의 부모들 역시 아이 교육을 인지적 활동이나 기능 습득 정도로 폭 좁게 이해하고 있다. 이런 왜곡된 인식으로 우리 유아들은 한글과 숫자 깨우치기, 피아노 수업, 태권도 익히기, 영어 수업 등이 다인 일과를 바쁘게 보내고 있다.

아이가 나이보다 일찍 한글을 배우냐, 아니냐에 따라 부모들은 일희일비(一喜一悲)한다. 하지만 시야를 조금 더 넓혀 보자. 자라는 아이들을 긴 시간 지켜보면, 한글을 조금 일찍 배운 아이가 성취도가 높은 것은 아니다. 또한 자기표현을 더 잘 하는 것도 아니다. 결국 좀 이르거나 늦었다고 하여 아이의 성장이 그만큼 차이가 난다고 볼 수는 없다. 가장 중요한 것은 자기 고유의 시각과 생각을 가지고 사건과 사물을 바라보고 해석하며, 자기 고유의 글과 말로 그것을 드러내는 능력이다. 이를 바탕으로 하지 않고, 교육의 속도나 양으로 접근하는 것은 아이에게 그렇게 큰 도움이 되지 않는다. 그런데도 우리 사회의 유아 교육은 자기를 제대로 표현하고 소통할 수 있는 언어 능력보다, 한글 맞춤법을 얼마나 더 알고 있는가가 중요하고 외우고 있는 영어 단어 수가 얼마나 되는가에 연연하고 있다.

유아 교육의 바탕은 아이의 본질적인 특성에 대한 이해에서 비롯된다. 혹시 나는 우리 아이가 공부도 잘하고 음악에도 소질이 있으며 운동에도 뛰어나고 친구와 사귐에서도 모범적이며 발표도 남다른 아이가 되기를 바라는 것은 아닐까? 역사를 뒤져보면, 아리스토텔레스처럼 모든 일에 다재다능한 천재를 만날 수 있다. 하지만 이런 인물은

극히 예외적이다. 아이들은 나름대로 특성이 있다. 이런 특성은 어느 경우에는 장점이 되고, 어느 경우에는 약점이 될 수 있다. 그래서 유아 교육에서는 아이의 자기다움과 아이의 특성을 찾고, 이것이 아이의 장점으로 자라게 하는 데 집중하는 것이 중요하다.

우리 아이가 다른 아이와 비교되어 상처받고 단점으로 눌리기보다는 자기를 발견하고 자기를 성장시키는 긍정적인 일에 에너지를 쏟도록 도와줘야 한다. 눈높이 교육을 넘어서서, 부모와 교사가 하나님이 선물로 준 아이만의 특성과 빛깔을 그대로 받아들이고, 아이의 가능성과 잠재력을 굳게 믿으며, 아이가 자라면서 당당하게 그 빛을 살려 가도록 도와주어야 한다. 아이가 갖지 못한 것을 아쉬워하기 전에 아이가 가진 것에 감사해야 한다.

이 바탕 위에서 몸, 마음, 생각이 건강하게 성장하도록 돕는 것이 교사와 부모의 역할이다. 운동 능력이 있는 아이는 그 특성을 잘 살려 주면서 넓은 마음과 독자적 사고력을 기를 수 있도록 도와주어야 한다. 논리 능력이 있는 아이는 그 특성을 잘 살려주면서 넓은 마음과 건강의 기초를 다질 수 있도록 도와주어야 한다. 현재 우리 아이들은 자연 결핍, 놀이 결핍, 관계 결핍 속에 놓여 있다. 이 문제가 해결되지 않으면 건강한 몸, 마음, 생각의 바탕을 마련하기는 어렵다. '신체 활동', '몸 놀이', '자연 교감', '마을', '부모와 함께'라는 책의 주제는 이 문제를 해결하고자 하는 유아 교육 현장의 목소리이다. 십 년 이상을 현장에서 아이들과 함께해 온 교사들이 아이들과 살며 느끼고 실험해 온 생생한 체험과 놀라운 성과를 고스란히 책 안에 담았다. 신체 활동은 이향미 교사, 몸 놀이는 김창욱 교사, 자연 교감은 허은미 교사, 마을에 대해서는 오나미 활동가, 부모와 함께하는 교육 과정은 이미선 교사가 집필해 주었다. 아무쪼록 이 책을 읽으면서 부모와 교사가 함께 배우고 더불어 성장하기를 바란다. 그리하여 우리 아이들이 스스로 크고 더불어 살아가는 아름다운 미래를 일구어 가게 하자.

김기현(부천YMCA 사무총장) 씀

으라차차,
마음이 커지는 신체 활동

아이들에게 "너희들, 잘 놀고 잘 자라고 있니?"라고 물으면, 어떤 답이 나올까? 엄마나 아빠에게 물으면, "그래도 내 어릴 적에는 하루 종일 신났지"라고 답하는 분들이 꽤 된다. 엄마와 아빠의 어린 시절처럼, 요즘 아이들도 "신나요!"라고 답할 수 있을까?

아이는 마음껏 놀면서 배워야 한다. 어린 시절에 몸으로 익힌 것은 어른이 되어서도 자신의 몸에 배어 있다. 별도로 시간을 갖거나 돈을 많이 들이지 않아도 아이들은 자연스럽게 놀이를 한다. 놀이가 삶과 따로 분리되어 있지 않다. 아이가 놀이로 터득한 경험들은 어른이 되어서도 몸에 배어 있는 지혜로 발휘된다.

그런데 요즘 아이들은 어떤가? 아이가 언제, 어디서, 어떻게 놀까를 부모가 짜 주어야 하고, 시간과 돈도 꽤 투자해야 한다. 아이는 혼자서 게임에 몰입하거나 블록놀이에 푹 빠져 있다. 아이의 몸은 거의 놀리지 않아서 녹이 잔뜩 슨 기계마냥 팍팍하고 덜컹거린다. 아이들의 놀이는 자연스러워야 하며, 몸을 마음껏 움직이며 신나게 해야 한다.

살림살이가 나아지면서 서구식 식습관이 급속도로 퍼졌다. 이와 함께 아이들의 체격은 몰라보게 향상되었다. 그에 비하여 아이들의 활동 공간은 실내로 좁아졌고, 아이들은 움직임이 적은 정적인 활동에 머무를 수밖에 없게 되었다. 이런 생활은 아이들 몸에 불균형을 초래하였다. 이는 오직 비만에만 국한되지 않는다. 오래 버티는 힘인 지구력이 현저하게 떨어졌고, 외부 반응에 몸이 대응하는 게 둔해졌으며, 나이에 맞게 발달해야 하는 협응력 역시 부족해졌다. 이렇듯 아이들의 몸은 적신호를 마구 보내고 있다. 겉모습만으로 아이의 건강과 체력을 판단하는 것은 유아기 아이를 둔 부모가 저지르는 가장 큰 오류이다. 유아기는 평생 건강의 바탕을 다져야 하는 중요한 시기이기 때문이다.

이렇듯 아이들 몸이 체격에 비하여 체력이 훨씬 떨어지는 비대칭인 점을 감안해 보더라도, 신체 활동을 지속적으로 하는 것은 무척 중요하다. 신체 활동을 놀이로 하면 어떨까? 규칙적이며 체계적이어야 하는 신체 활동을 놀이로 한다면, 몸이 튼튼해지고 자세가 바르게 되며 정서가 안정되고 사회성이 길러지게 된다. 몸뿐 아니라 마음도 건강해지는 것이다. 아이들이 몸으로 놀면서 자연스럽게 놀이와 삶이 하나가 되기를 바란다. 누가 물어도 "잘 자라고 있어요!"라고 아이들이 큰 소리로 떠나갈 듯 외칠 수 있게 하는 일은 어른들의 몫이다.

다섯에서 일곱 살, 뛰놀아야 하는 나이

YMCA 아기스포츠단의 교육 대상은 다섯 살에서 일곱 살인 유아기 아이들이다. 유아기에는 아이들의 몸 움직임이 활발해지고 몸의 각 기능이 점차 자리를 잡아간다. 또한 몸과 마음과 생각이 분리되어 있지 않아서 몸 활동이 건강한 정신과 마음으로 이어지는 중요한 시기이기도 하다.

하지만 좁은 생활공간에 많은 사람들이 밀집해서 살고 있는 도시에서는, 아이들이 건강하게 성장하는 데 부정적인 요인들이 많다. 아이들이 주로 생활하는 가정에서조차도 '뛰지 마라', '만지지 마라', '올라가지 마라', '위험하다', '다친다' 등의 제재를 받고 있어서 몸의 바람직한 성장을 제한하고 있다. 따라서 아이들 내면도 늘 불만이 있고 소극적이며 소심한 성격인 경우가 많다. 또한 핵가족화로 가족 구성원수가 줄어들면서 아이들이 가정에서 함께 놀이할 사람은 없고, 컴퓨터나 블록놀이처럼 혼자서 하는 놀이가 늘어났다. 가정 밖으로 나가도 마찬가지이다. 아이들이 살고 있는 집 근처 어디나 놀이터가 있다. 꽤나 좋은 시설이 갖추어져 있지만 놀이터에 놀고 있는 아이들은 좀처럼 볼 수가 없다. 서로 어울려 즐겁게 놀며 품어내는 아이들의 해맑은 웃음소리가 사라진 지 오래다. 이러한 환경은 아이들의 올바른 성장에 결코 도움이 되지 못한다.

사람은 생리적으로 동적인 생활을 해야 한다. 특히 아이들에게는 뛰고, 달리고, 만지작거리는 하루 동안의 활동들이 육체적, 정서적으로 건강한 생활을 하게 한다. 이러한 활동들을 통해 유아들은 생활의 안정감을 찾고 자기가 즐거워하는 놀이를 스스로 만들며 재미를 느끼게 된다.

유아 체육은 유아를 대상으로 하며 유아가 주체가 되는 체육활동을 말한다. YMCA 체육 수업도 아이들이 중심이 되는 지속적인 신체 활동을 통해서 체력을 향상시키고 몸의 각 부위가 필요로 하는 근력과 근육을 키운다. 또한 혼자만의 활동이 아닌 여럿이 함께하는 활동을 통해서 공동체성도 기르게 된다.

오래 전부터 전해져 오는 놀이를 생각해 보면 알 수 있듯이 특별한 놀이기구를 가지고 놀지 않아도 주변 환경을 이용해서 할 수 있는 놀이들이 참 많다. 세대가 달라서 함께 어울려 놀 수 없다고 많이들 이야기하지만, 생각해 보면 누구나 쉽게 어울려 놀 수 있는 놀이는 많이 있다. '무궁화 꽃이 피었습니다', '여우야! 여우야!', '우리 집에 왜 왔니 왜 왔니', '달팽이집을 집시다' 같은 놀이는 지금도 여전히 아이와 부모가 함께할 수 있는 놀이다. 굳이 돈을 들이지 않더라도 자신의 몸을 이용한 신체 활동을 통해서 놀이의 즐거움을 배워갈 수 있다. 이러한 놀이 속에서 아이들은 스스로 규칙도 정해 보고 놀이의 형태도 바꾸는 등 새로운 놀이를 만들어가면서 놀이 속에서 즐거움을 찾아가기도 한다. 이게 바로 아이들이 익히는 것이다. 함께 하는 친구들과 나를 우리로 묶는 것. 그것이 바로 놀이다.

기구를 통한 놀이도 마찬가지다. 유니바, 매트, 평균대, 철봉, 뜀틀 등 기구나 도구를 가지고 하는 놀이로 말할 수 있다. YMCA 아기스포츠단 아이들은 평균대를 하면서도 단순히 평균대를 뛰고, 구르고, 넘는 기구로만 보지 않는다. 평균대 위에서 말타기, 징검다리 건너기, 터널 지나가기 등을 통해 다양한 놀이기구로 바꾸기도 한다. 단순히 기구를 이용하는 방법만 익힌다면 기구놀이는 아마도 재미가 없을 것이다. 또한 정해진 방법만으로 한다면 한 가지 놀이밖에 못하는 것과 똑같다. 창작은 흉내 내기와 반복, 그리고 바꿔보기와 응용하기이다.

YMCA는 유아들이 건강한 신체 발달 과정에서 몸의 각 기능을 고르게 발전시키고 나아가 창의성과 사회성을 충분히 기를 수 있도록 하고자 한다. 또한 기독교 정신에 바탕을 둔 훌륭한 인격을 갖춘 사람을 키우고 그 사람들로 하여금 훌륭한 사회를 이룩하려는 것을 이상으로 삼고 있다.

신체 활동에는 무엇이 있을까?

노래에 맞추어 하는 체조와 율동

체조와 율동은 다양한 음악과 도구를 이용하여 유아들의 몸과 마음에 남아 있는 긴장을 풀고 본격적인 몸의 움직임을 준비하는 활동이다. 단순히 정해진 동작만이 아니라 유아의 몸과 마음을 풀어줄 만큼 즐겁고 신나는, 때로는 차분한 동작의 구성이 필요하다. 활동 중 교사는 아이들과 눈을 마주치기 때문에 아이의 건강 상태나 기분의 좋고 나쁨을 파악할 수 있다. 이런 점에서 체조와 율동은 교사와 호흡을 맞추며 닫혀 있던 아이들이 몸과 마음을 여는, 교사와 아이들 간의 소통 시간이기도 하다.

체조와 율동 활동을 위하여 교사들은 음악을 다양하게 듣고 유아들의 정서에 좋은 가사와 리듬을 담은 곡을 골라야 한다. '공장 과자 안 먹기', 'TV 바르게 보기' 등 아이들과 함께 한 약속들을 이미 알고 있는 노래에 가사만 개사하여 부르며 활동할 수도 있겠다.

멈출 줄 모르는 아이들의 몸은 신나는 음악에도 그 반응이 빠르다. 어떤 한 동작만을 계속하더라도 그 동작이 재미있으면 아이들은 즐거워하면서 음악에 맞춰 신나게 몸을 움직인다. 아이들과 '공장 과자 안 먹기'를 한다면, 건강한 먹을거리들을 가사로 만들어 아이들이 좋아하는 따라 부르기 쉬운 노래에 실어서 체조와 율동을 하게 해 보자. 아이들이 즐겁게 따라 부른다면 의미도 알고 몸으로도 익히게 될 것이다. 이렇게 노래에 맞춰 체조와 율동을 하다 보면, 아이들의 달라진 모습을 보게 될 것이다. 달콤한 유혹에 쉽게 다가가던 아이는 공장 과자의 해로움에 대해서 조금씩 알게 되고, 쉽게 손이 가던 사탕의 유혹에도 한 번 더 생각할 것이고 마침내 달콤한 유혹을 뿌리치는 작은 변화가 생길 것이다.

쌩쌩 달리기

쉼 없이 움직이는 아이들은 매일 달리고 싶은 욕구가 있다. 달리기는 걸음마만 떼면 남녀노소 누구나 할 수 있고 특별한 체육 기술이나 준비가 필요하지 않다. 이러한 아이들의 욕구를 충족시키는 방법으로 음악을 이용해 매일 맨발 달리기를 한다. 음악에 맞춰 걷기, 뛰기, 구르기를 반복적으로 하면서 달리기 자세를 몸으로 익히는 한편, 맨발의 자극을 통하여 집중력을 높이고 심폐기능 향상, 혈관 강화, 체지방 감소, 스트레스 해소를 할 수 있다. 또한 힘들더라도 참고 견뎌내는 인내심을 기르고 마지막까지 최선을 다해 목표를 달성했을 때 갖는 자존감은 말로 표현할 수 없다.

초기에 아이들은 양말을 신고 벗는 것도 어려워한다. 양말이 뒤집어졌을 때 바로 신지 못해서 도움을 요청하기도 한다. 아이들은 서로 도움을 주고받으며 다른 친구들을 보고 배운다. 그렇게 아이들은 반복적인 경험을 통해 어느 순간 스스로 양말을 신고 벗는다. 아이들은 일 년의 과정을 통해 협응력이나 신체 조절 능력을 향상시키며 스스로 할 수 있다는 자신감을 갖게 된다.

달리면서 아이들은 희열을 느낀다. 누군가 강요한 것이 아니라 스스로 달리고 뛰는 가운데 땀을 흘리고, 가지고 있던 에너지를 충분히 풀어낸 후 새로운 것들을 받아들일 마음의 준비를 하게 된다. 맨발 달리기를 위해서 교사들은 아이들이 좀 더 효율적이고 자발적인 달리기를 할 수 있도록 음악을 선택한다. 클래식 음악 중에 빠르고 경쾌한 음악, 느리고 조용한 음악을 골라서 아이들이 음악을 듣고 스스로 속도를 조절하며 달리게 한다. 달리는 아이들의 얼굴은 흥분으로 가득 차 있다. 더 빠르게 달리고 싶어 하는 아이들의 신나는 표정에 즐거움이 묻어난다.

솔솔 불어오는 바람을 맞으며 뛰는 달리기는 정말 최고다. 답답한

공간 안에서 달리기보다는 바깥에서 달리기는 아이들이 더 기다리고 기다리는 달리기다. 4월이 되면 아이들은 야외 달리기에 한껏 들뜬 기대감을 가지고 있다. 가까운 공원에서 걷기도 하고 뛰기도 하고 신나게 놀이하는 재미와 봄, 여름, 가을, 겨울 사계절의 변화도 느끼며 신나게 달린다.

야외 달리기는 아이들이 제일 좋아하기도 하지만 힘들어 하기도 한다. 달리기를 시작하고 10분이 지나면 한 명씩 뒤처지고 지친 기색으로 숨을 몰아쉬며 뛰는 아이들도 생긴다. "선생님 나 힘들어요!"라며 찡그린 얼굴들이 하나둘 늘어난다. 말 대신 몸이 먼저 말을 하듯 아이의 발걸음은 코끼리 걸음보다 더 느리고 무겁게 달린다.

"오늘 달리기 힘들었니?"
"네~ 달릴 땐 좋은데 계속 뛰면 가슴이 빨라져서 싫어요!"

"그럼 천천히 걷는 달리기는?"

"걷는 달리기는 좋아요."

아이들은 야외 달리기가 싫다고는 하지 않는다. 달리면서 빨라지는 숨소리와 콩닥콩닥 뛰는 가슴에서 느껴지는 몸의 변화가 힘들었을 뿐이었다.

아이들이랑 2년 동안 꾸준히 달리기를 하다 보니 무언가 새롭게 도전하고 싶은 마음이 생겼다. 5km 마라톤을 도전해 보기로 했다. 마라톤을 도전하기 전까지 준비는 많겠지만 천천히 시도해 보는 것도 하나의 과정이라 생각하고 교실에서부터 야외 달리기를 꾸준히 연습하는 시간을 갖고 시간을 정해서 달리기를 해 보았다. 10분 뛰고 5분 걷기를 매일 반복하면서 적응하는 시간을 통해 아이들은 각자 자신의 호흡을 조절하며 마라톤 준비를 했다. 교실에서 맨발 달리기를 꾸준히 했고 가끔 야외 넓은 공간에서 순위에 상관없이 마음껏 달려 보는 기회를 가졌다.

마라톤 날, 어떤 부모는 아이가 넘어지거나 다칠까 봐 결석을 시키기도 했다. 숨이 턱에 닿을 때까지 달리면 몸이 힘들어 한다. 하지만 포기하지 않고 고비를 넘기면 호흡이 다시 안정이 된다. 이렇게 마지막 도착점에 도달했을 때 발갛게 상기된 아이들의 행복한 얼굴은 세상의 그 어떤 것과도 비교할 수 없을 만큼 아름답다. 5km를 아이와 부모가 함께 달리면서 느꼈을 유대감도 다시없었을 것이고, 완주한 이후에 성취감도 큰 기쁨이었다.

마라톤을 하고 난 뒤의 그 짜릿한 마음은 아이에게도, 교사에게도, 부모에게도 오래 남았다. 일 년 동안 아이들과 함께 달리면서 힘든 시기도 있었고 때론 핑계 아닌 핑계를 대면서 달리고 싶어 하지 않는 아이도 있었다. 아래 글은 일 년 동안 아이가 달리기 하는 모습을 지켜

본 한 부모가 써 준 글 일부이다.

내가 맨발로 뛰어 본 적이 있던가? 어떤 느낌일까? 궁금하기도 하고 부럽기도 하다. 내가 아는 달리기는 분명 순위가 정해지는 운동이다. 빨리 달려서 1등을 하면 최고 좋은 것이다. 그러나 원 안의 아이들은 나름의 질서를 지키면서 자연스럽게 경쟁을 즐기고 있었다. 힘들면 걷고 승부욕이 발동하면 힘차게 뛰면서! 걷는다고, 빨리 뛴다고, 친구를 앞서 간다고, 친구보다 늦게 간다고, 달리는 원 안의 아이들은 속상하고 눈치 볼 일이 없겠더라. 앞서 나갔어도 뒤에 있게 되고 걸었어도 뛰는 친구보다 느린 게 아닌 게 되는, 부담 없이 능력껏, 재주껏 뛸 수 있는 아이들의 달리기. 난 바라만 봐도 눈물이 날 만큼 그저 좋았고 부러웠다. 나도 아기스포츠단에 다니고 싶다.

으라차차 튼튼 놀이

튼튼 놀이는 기초 체력을 기르는 신체 활동으로, 아이들이 놀이로 쉽게 할 수 있도록 YMCA 아기스포츠단이 만든 활동이다. 말 그대로 아이들이 즐겁게 받아들이면서 몸의 각 기능을 튼튼하게 만드는 놀이다. 지속적이고 꾸준한 신체의 움직임을 통해 '쉬운 것부터 어려운 것, 간단한 것부터 복잡한 것, 혼자서, 둘이서 또는 여러 명이' 함께하는 활동으로 서로에 대한 친밀감과 유대감을 가지게 하는 놀이이다. 튼튼 놀이을 할 때, 교사는 아이들 개개인의 발달 단계에 맞게 적절한 강도의 운동을 할 수 있도록 배려해야 한다. 또한 기능의 일부분

에 치우지지 않게, 전체 활동 하나하나에 흥미를 가질 수 있게 움직임을 구성해야 한다.

혼자서 할 수 있는 놀이 중에서 '물개 만들기'를 해 보자. 배를 바닥에 대고 엎드린 후 두 손을 가슴 넓이로 벌리고 바닥을 짚는다. 팔을 쭉 펴면서 허리를 뒤로 젖히고 다리를 뒤로 접어 발끝과 머리가 닿을 수 있도록 몸을 둥글게 만들어 준다. 이러한 신체 활동으로 몸의 유연성을 키울 수 있다. 남자아이보다는 여자아이가 더 유연해서 좀 더 편하게 활동한다.

둘이 하는 놀이로 서로 마주 보고 서서 두 손을 잡는다. 잡은 한 손을 머리 위로 올리고 같은 방향으로 동시에 돈다. 이러한 신체 활동으로 서로에 대한 신뢰감을 가질 수 있고 유연성과 협응력을 기를 수 있다. 또한 여러 명이 동그란 원을 만들어 함께 돌아가며 한 명씩 해 보는 즐거움도 있다.

여럿이 다리 뛰어 넘기도 있다. 다섯이나 여섯 명의 친구들이 두 다리를 쭉 펴고 앉는다. 한 아이가 앉아 있는 친구의 손을 잡고 교사의 신호에 따라 두 발을 모아 친구의 다리를 뛰어 넘는다. 순서대로 돌아가며 뛰어넘어 본다. 활동 중 여러 친구들과 만나 눈으로 인사도 나누고 친구가 잘 넘을 수 있도록, 뛰어넘으며 친구의 다리를 밟지 않도록 조심하면서 배려를 배운다. 순간적인 힘을 발휘하는 순발력과 민첩성, 협응력을 기를 수 있다.

내 마음대로 표현 놀이

아이들이 바라보는 세상은 모든 것이 신기하고 새롭다. 새것을 받아들이고 표현하는 방식은 아이들마다 다르고, 아이들은 마음에 담긴 이야기를 몸으로 나타내기를 좋아한다. 이때 어린아이일수록 교사나 친구의 동작을 따라하면서 배우며 그 과정을 통해 자신의 생각을 창의적으로 표현하게 된다. 즉, 표현 놀이란 모방에서 창조를 만들어 가는 과정의 놀이다. 자유로운 표현의 과정에서 교사는 아이들이 표현해 내는 모든 행동에 끝없는 칭찬과 격려가 필요하며 아이들의 표현에 대해 교사의 기준으로 평가하는 일이 없어야 한다. 또한 몸으로 표현되는 것에 대해 끊임없이 대화를 통해 아이의 이야기를 들어 주고 교사의 느낌을 전달하며 소통하는 과정이 필요하다.

표현 놀이로 6세반 아이들은 매일 아침 마음카드를 이용한 감정 표현 놀이를 한다. 아이들은 아침 등원을 하고 제일 먼저 '내 마음은?'이란 감정카드를 가지고 '웃는 얼굴', '슬픈 얼굴', '화난 얼굴', '실망한 얼굴', '무서운 얼굴' 등의 다양한 감정이 담긴 카드로 자신의 감정을 나타낸다. 처음에는 자기의 감정을 표현하는 데 서툴다. 감정카드를 보며 이야기를 나누고 마음을 열어 주기까지 아이들에게는 상당한 시간이 필요하다. 마음을 나누려면 기다림이란 약속도 있어야 한다. 매일 아침 감정카드를 하다 보면 아이들도 자신의 마음을 조금씩 열어 준다. "선생님! 오늘 내 마음이 뭘까요?"라며 아이가 다가온다. "음~ 모

감정카드

르겠는데!"라고 답해 주면, 아이는 아잉~ 하며 "그것도 몰라요? 내 마음은 즐거워요."라며 마음카드를 보여 준다.

감정카드로 나타난 아이들의 마음을 몸으로 표현할 수 있다. 웃는 얼굴, 슬픈 얼굴, 화난 얼굴, 무서운 얼굴 등을 마음이 아닌 몸으로 표현해 보는 시간을 가짐으로써, 아이들은 몸과 마음으로 서로 소통한다. 또한 감정카드를 통해 마음을 표현할 때 단순히 즐겁다, 슬프다, 기쁘다가 아닌 무엇 때문에, 누구로 인해 등 좀 더 구체적으로 자신의 감정을 표현할 수 있을 때까지 교사는 기다려 주고 이끌어 주는 역할이 필요하다.

아침 감정카드로 '화나다'를 선택한 6세반 여자 친구의 이야기가 기억에 남는다.

교사 : 우리 현지는 화가 나 있구나? 무슨 일로 화가 나 있을까?

아이 : 음~~.

교사 : 현지가 화가 많이 났구나? 선생님이랑 친구들이 현지 이야기할 때까지 기다려 줄게. 말하고 싶을 때 하렴.

아이 : 오늘 아침에 YMCA에 올 때 엄마가 사 준 구두 신고 싶었는데 엄마가 안 된다고 했어요.

교사 : 왜? 엄마가 왜 구두 못 신게 하셨을까?

아이 : (울먹이며) 오늘 금요일이라구 달리기 하려면 운동화 신어야 한다잖아요. 나 달리기 싫어요.

교사 : 그랬구나. 선생님도 현지 구두 봤는데 정말 예쁘더라. 선생님도 예쁜 구두 신고

싶은데 현지 많이 속상했겠다.

　아이 : 근데 이제는 괜찮아요. 엄마가 내일은 꼭 구두 신게 해 준다고 했어요.

　그날은 금요일이었고 친구는 얼마 전 엄마가 사준 분홍 구두가 너무나 신고 싶었다. 하지만 매주 금요일은 친구들과 함께 공원으로 달리기를 나가야 하는 상황이라 구두를 신을 수 없는 날이었다. 아이는 자신의 감정을 단순히 표현하지 않고 구체적인 내용을 들어 자연스럽게 표현한다. 이렇게 아이의 마음이 조금씩 커 간다.

　운동회 날이 즐거웠던 아이들과 동물 소리를 흉내 내며 달리기를 했다. 가족운동회가 끝난 지 한 달이 지났을까? 아이들은 여전히 운동회 날을 기억하고 있다. 아이들 YMCA 버스 안에서도, 놀이 시간에도 운동회 응원가를 부르며 신나게 응원을 한다. 아이들은 아직도 즐거웠던 운동회가 마음에 기억되나 보다. 이렇게 즐겁게 운동회 날을 기억하고 신나게 응원을 하는 아이들이랑 다시 한 번 각자 생각한 동물들의 작은 운동회를 해 보면 재미있을 것 같았다. 서로 좋아하는 동물들을 생각해 보고, 동물 운동회를 하려면 어떤 게임을 하면 재미있을지 서로 이야기를 나누어 보았다. 아이들은 여러 가지 게임을 이야기했다. 달리기, 줄다리기, 호박엿 먹기, 흥부 놀부 공차기 등 운동회 때 재미있게 경험했던 놀이를 떠올렸다. 그중에서 제일 하고 싶은 게임으로 달리기를 정했다. 아이들은 각자 생각한 동물이 되어(캥거루, 토끼, 원숭이, 호랑이, 코끼리, 기린 등) 힘차게 동물 달리기를 한다. 동물이 된 아이들은 동물처럼 흉내를 내며 달리고, 동물 소리를 내며 즐겁게 놀이를 한다. 아이들이 스스로 만들고 표현하는 놀이를 보며 교사인 나도 아이들과 함께 동물 달리기를 하게 된다.

똘똘 뭉쳐 공동체 놀이

자기중심적 성향이 강한 아이들은 양보와 배려, 나눔이라는 건강한 사회성을 배우지 않으면 친구 관계를 형성하는 데 어려움이 있다. 또한 형제가 많지 않고 자유롭게 바깥놀이가 허용되지 않는 아이들에게는 서로 어울리며 상호작용을 통해 얻어져야 할 건강한 사회성을 익히는 일이 쉽지만은 않다. 아이들은 놀이를 통해 주고받으며 나와 더불어 너, 우리의 생각을 이해하게 된다. 친구와 협동하며 즐겁게 활동

하는 가운데 스스로 약속을 지켜 나가는 과정이 필요하다. 각자가 자유로운 마음으로 경쟁하는 가운데 공동체 안에서 나의 역할을 배우고, 함께 어우러졌을 때 커다란 힘이 된다는 것 또한 배우게 된다. 교사는 안전을 위해 꼭 필요한 경우가 아니면 아이들 스스로 필요한 규칙을 만들고 놀이 과정 중 필요한 것이 무엇인지를 스스로 깨달을 수 있도록 가능한 개입하지 않고 지켜보는 것 또한 중요하다.

아이들과 백업 앞구르기를 해 보려고 한다. 키와 몸무게는 다르지만 아이들은 손을 모아 백업을 잡고 하나! 둘! 셋! 숫자를 세며 매트까지 힘차게 달린다. 백업을 잡은 손은 매트에 내리고 머리를 숙여 엉덩이를 높이 올려 앞으로 구르기를 한다. 먼저 구르기를 한 아이는 다른 아이가 구르기를 할 때까지 기다려 준다. 혼자서 앞구르기를 할 때보다 힘은 더 들겠지만, 아이들은 다 같이 몸과 마음을 맞춰 함께하는 놀이를 만들어 가면서 그 안에서 아이들만의 약속과 즐거움도 느끼고, 또 다른 놀이를 생각해 볼 수도 있다.

"애들아! 오늘 실내화 벗고 놀아 볼까?" 했더니 한 아이는 실내화를 걱정한다.

"선생님! 그럼! 실내화는 뭐 하고 있어요?"

아이들이 벗어 놓은 실내화가 걱정이 되었던 아이를 위해 실내화 놀이를 해 보기로 했다.

"그럼 실내화로 놀이를 하면 괜찮지 않을까?"

"애들아! 실내화로 어떤 놀이를 하면 좋을까?" 한 아이가 말한다.

"숫자 써 봐요!"

벗어 놓은 자신의 실내화로 숫자를 써 보았다. 하지만 두 짝의 실내화로는 많은 숫자를 쓰기에 아쉬웠는지 친구들의 실내화를 연결 연결해서 다른 숫자들도 써 본다.

아이들은 숫자로 만족하지 못했는지 또 다른 아이가 말한다.

"선생님! 이제 기차 만들어요!"라며 실내화로 다른 놀이를 하자고 한다.

곧바로 아이들은 친구들의 실내화를 모아서 기다란 기차를 만든다. 그리고 또 하나의 멋진 풍경은 자유놀이시간에 만들어졌다. 아이들이 벗어 놓은 실내화를 걱정했던 아이가 친구들의 실내화를 모으더니 한 짝 한 짝 이리저리 실내화를 놓아 본다. 무슨 모양을 만들려고 저렇게 고민을 하는 걸까 궁금해졌다. 한참을 실내화를 가지고 고민하더니 드디어 완성. 그건 바로 '사랑의 하트'였다. 자기가 만들어 놓은 실내화를 보며 웃고 있는 모습에 교사도 덩달아 입가에 미소를 띄게 된다.

몸과 마음이 담대해지는 기구 놀이

기구 놀이는 도구를 사용한다. 기구는 알기 쉽게 크기로 구분하는데, 크기가 작은 기구는 '소기구', 크기가 큰 기구는 '대기구'라고 한다. 소기구는 줄, 막대, 공, 훌라후프, 낙하산 천, 신문지, 풍선, 캐치볼, 백업 등이 있는데 주변에서 흔히 구할 수 있는 도구들이다. 대기구는 크게 두 가지로 나누는데, 움직이지 못하게 고정한 대기구로는 미끄럼틀, 그네, 시소 트램블린 등이 있다. 고정되어 있지 않은 대기구에는 매트, 평균대, 뜀틀, 철봉 등이 있다. 흥미와 재미가 넘치는 다양한 소기구 놀이와 자신감과 성취감이 길러지는 대기구 놀이를 통해 아이들은 소근육, 대근육 발달과 더불어 놀이 방법에 따라 창의력도 길러진다. 중요한 것은 기구의 쓰임에 따라 몸의 움

직임이 달라지는 것을 알고 안전하게 사용하는 방법을 배우는 것이다. 다른 활동들도 마찬가지이지만, 특히 기구 활동의 경우 아이들이 기구를 대할 때의 마음가짐이나 기구를 다루는 차이가 다르므로 교사는 아이들 개개인의 차이를 파악하는 것이 중요하다. 또한 기구에 대한 자신감이 생길 때까지 기구와 친숙해질 수 있도록 단계적인 계획이 필요하며, 아이들을 믿고 기다려주고 작은 변화라고 할지라도

충분한 격려와 칭찬이 필요하다.

공은 다양하고 고유한 특성을 가지고 있다. 다양한 공을 이용해 공 튀기기, 굴리기, 던지기 등의 기본 동작으로 여러 가지 놀이를 만들 수 있다.

줄은 아이들의 호기심과 손 감각을 자극하는 도구이다. 장소에 상관없이 어느 곳에서나 쉽게 놀이에 쓰이는 도구라고 할 수 있다. 줄은 여러 모양으로 바꿀 수 있어서 아이들의 흥미를 끌기에 충분하다. 또한 혼자서 하는 줄 놀이도 즐겁지만 여럿이 하는 줄 놀이를 통해 성취감도 느끼고 건강한 공동체성을 기르기도 한다. 놀이로는 줄 묶기, 당기기, 뛰어넘기, 밟기, 줄 그네, 줄로 모양 만들기 등 다양하다.

낙하산 천은 여러 모양인 천 조각들을 이용한 도구다. 색이 여러 가지여서 아이들은 보기만 해도 좋아서 달려든다. 특히 낙하산 천은 여러 명이 함께 할 수 있으며 색깔 찾기, 숨기 놀이, 낙하선 천 위에서 달리기, 숫자 놀이 등을 할 수 있다.

푹신푹신 매트 위라면 무엇이든지 하고 싶은 충동이 생긴다. 매트 위에서는 공처럼 몸을 동그랗게 해서 앞구르기, 옆 구르기, 풍차돌기

등을 할 수 있다. 매트가 주가 되는 운동도 있지만 매트는 다른 기구 운동의 보조 기구가 되기도 한다.

평균대 위에서는 누구든지 천천히 움직일 수밖에 없다. 빨리 움직이려 하면 할수록 중심을 잡기 어려워 평균대에서 떨어지기 쉽기 때문이다. 바닥에 선을 긋고 그 위를 걷는 것과 평균대 위를 걷는 것은 걷는다는 점에서는 똑같지만 높이가 주는 불안감이 있어서 높이가 높아지면 높아질수록 불안은 더욱 커진다. 평균대 놀이는 먼저 중심을 잘 잡아야 하기 때문에 몸과 마음을 집중해야 한다. 따라서 평균대 활동을 명상 활동과 연계하기도 한다. 평균대 놀이는 다양한 방법으로 응용 놀이도 가능하다. 밑으로 기어가기, 뛰어넘기, 매달리기, 가위바위보 놀이 등 방법에 따라 신나는 기구 놀이를 만들어 갈 수 있다.

초등학교 시절 체육시간에 뜀틀을 넘어 본 기억이 있는 어른이라면 누구나 뜀틀 앞에 서서 콩닥콩닥 가슴 두근거렸던 기억이 있을 것이다. 용케 뜀틀을 뛰어넘고 나면 그 다음 단계도 어렵지 않게 도전하게 되지만, 그렇지 못했을 때 뜀틀은 두려움의 대상으로 다가온다. 성인이 된 이후에도 뜀틀을 보면 그때의 트라우마로 인해 피하게 되곤 한다. 아이들도 마찬가지다. 맞서기에 자신 없고 두려운 존재에 대해 어떻게 부딪쳐 뛰어넘느냐에 따라 더 어렵고 힘든 단계도 두려움을 떨치고 도전하게 되는 것이다.

뜀틀과 같은 두려움을 갖게 하는 도구에 대해서는 세부적인 단계별 활동이 필요하다. 특히, 아이의 성향과 특성을 파악하여 아이에게 맞는 활동을 할 수 있도록 도움을 주어야 한다. 본 활동을 시작하기 전에 기구를 이용한 다양한 재미있는 활동들을 접하게 하여 기구와 친숙해질 수 있도록 하는 것이 중요하다. 친구 등에 뛰어오르는 말 타기 놀이나 스파이더맨 놀이 등을 통해 기구와 친숙해질 수 있도록 한다. 어느 정도

기구와 친숙해져도 섣불리 뛰어넘는 활동을 하기보다는 구름판을 이용하는 방법, 손을 짚는 위치나 방법, 두 발을 모아 하늘을 높이 나는 것처럼 점프를 하는 방법 등을 순차적으로 아이와 함께하면서 격려와 칭찬을 계속 해 주어야 한다. 교사의 즉각적인 반응은 아이의 자신감을 북돋는 큰 약이 되기도 한다.

그렇게 활동을 이어 가다 보면 아이는 어느 순간 하늘 높이 나는 느낌으로 뜀틀을 뛰어넘는다. 그러고는 이후로 무언가 뜀틀 비슷한 것만 보아도 뛰어넘고 싶은 충동을 느낀다. 아이가 두려움을 극복하고 자신감을 갖게 되는 순간이다. 이 순간을 교사는 집중해야 하며 아이에게 아낌없는 칭찬과 함께 도전할 수 있는 또 다른 기회를 마련해 주는 것이 필요하다. 이유찬 어린이의 뜀틀 넘는 이야기를 읽어 보자.

교사 : 유찬이는 뜀틀을 넘을 때 마음이 어때?

아이 : 어~ 뜀틀이 엄청 높아 보여요, 그래서 가슴도 떨려요!

교사 : 그래? 그럼 선생님이 도와주면 할 수 있겠니?

아이 : 어~ 그래도 새끼손가락만큼 못 넘을 것 같아요. 선생님이 팔에 힘을 주고, 다리를 옆으로 쭉 펴고 넘으면 된다고 하는데 잘 안 돼요! 엉덩이가 자꾸 뜀틀에 걸려요. 뜀틀이 매트처럼 폭신폭신하면 넘을 수 있을텐데.

교사 : 유찬아! 선생님이 매트보다 더 폭신한 구름처럼 넘을 수 있게 해 줄게.

아이 : 그럼 한번 뛰어넘어 볼게요!

교사 : 유찬아! 구름보다 더 높이 뛰어넘은 것 같아! 무섭지 않지? 유찬이가 조금만 용기를 가지면 할 수 있어. 아이 : 네. 이제 할 수 있을 것 같아요.

교사 : 와, 우리 유찬이가 이제는 할 수 있는 마음이 생겼구나! 그래 넌 할 수 있어!

아이 : 선생님 이제 저 혼자 해 볼래요.

기구 놀이 수업은 다른 수업보다 교사의 준비가 많이 필요하다. 기구도 자세히 설명하고 어떻게 하는지도 차근차근 단계별로 알려 주어야 한다. 안전하게 놀이를 하려면 어떻게 해야 하는지를 꼭 설명해 주어야 한다. 이렇게 해서 무섭지 않고 즐겁게 기구 놀이를 할 수 있도록 도와주어야 한다. 뜀틀 활동에서 도입 단계인 구름판 뛰기, 구름판 굴러 유니바 넘기, 뜀틀 위 말타기, 친구 등 뛰어넘기 등 다양한 준비 활동을 하게 된다. 하지만 막상 뜀틀 앞에 서면 몇몇 아이들은 겁을 먹고 제대로 실력을 발휘하지 못한다. 그때 교사의 역할이 중요하다. 아이들을 격려하고 응원하면서 자신감을 갖고 도전할 수 있도록 도와주어야 한다. 한번은 교사인 나의 경험을 이야기해 주었다. "선생님도 어렸을 때 체육시간에 너무 겁이 나 처음에는 뜀틀을 못 넘었어. 4단 뜀틀이 지리산보다도 높게 느껴져 도저히 넘을 수 없을 것만 같았지. 하지만 포기하지 않고 내 마음속에 주문을 걸었지. '나는 넘을 수 있다! 뜀틀 널 넘고야 말겠어!' 그러니까 어느 순간 뜀틀이 아주 작게 느껴지는 거야. 그래서 결국 성공할 수 있었어. 너희들도 자신감을 갖고 도전해 봐!" 아이들의 눈빛에 조금씩 자신감이 비춰졌고 성공하는 친구들이 점점 늘어갔다. 그리고 뜀틀을 뛰어넘었을 때 그 짜릿한 쾌감을 맛본 아이들은 아침에 오자마자 밝은 얼굴로 말한다. "선생님, 오늘 뜀틀 넘기 하고 싶어요." 자신감 있는 목소리를 들려주는 아이들이

앞으로 살아가면서 자신들의 삶에 더 높은 뜀틀이 나타나더라도 자신감을 갖고 도전했던 그 마음으로 언제나 씩씩하게 이겨냈으면 하는 바람을 가져 본다.

철봉 운동은 고정되어 있는 구름사다리 철봉과 이동이 가능한 철봉 두 가지가 있다. 철봉에 매달리거나 매달린 상태에서 기어오르기, 거꾸로 매달리기, 한 바퀴 빙글 돌아내리기 등을 할 수 있다. 또한 높이 올라가 미끄럼틀처럼 타고 내려 올 수도 있는 재미난 놀이 기구다. 철봉은 다소 어려워 보이는 운동이지만 조금만 배우면 생각보다 쉽고 일상에서 쉽게 접할 수 있다. 다만 안전에 대한 이야기를 충분히 하여 스스로 안전을 지킬 수 있도록 알려주어야 한다.

물이 두렵지 않아요, 수영

엄마 뱃속 양수부터 시작된 아이들의 물놀이는 자라면서 목욕 또는 계곡이나 바닷가에서의 물놀이 경험으로 이어진다. 이런 경험 덕분에 수영을 처음 시작하는 아이들도 물과 쉽게 친숙해져 물놀이에 즐겁게 참여하는 모습을 볼 수 있다. 아이들은 물속에서 움직이면서 관절을 느슨하게 풀게 되는데, 이를 통해 마음이 편안해지는 경험과 함께 근육이나 관절이 발달하게 된다. 또한 어른에 비해 체온 조절 기능이 약한 아이들은 물속 온도차의 자극을 받아 체온 조절 기능이 발달하게 되고 추위를 견딜 수 있는 체력이 길러지게 된다.

무엇보다 좋은 점은 교사와의 자연스런 스킨십을 통해 정서적인 안정감을 갖게 되며 물에 대한 두려움을 극복하고 스스로 몸을 지키는 방법을 조금씩 배운다는 것이다. 5, 6세는 물에 대한 두려움을 극복하고 물과 친숙할 수 있도록 다양한 물속 놀이를 경험하는 것이 중요하고, 7세가 되면 영법 활동으로 연계될 수 있도록 해야 한다.

평화, 어울림의 가족운동회

드넓은 운동장, 파란 가을 하늘 위로 바람에 흩날리는 만국기를 보며 설레던 어린 시절 운동회 날을 누구나 기억할 것이다. "청군 이겨라, 백군 이겨라!" 신나게 응원도 하고 줄다리기, 박 터트리기, 달리기 등 여러 게임을 하며 온 가족이 함께 즐거운 추억을 만드는 시간이다. 또한 바쁜 일상에서 잠시 벗어나 오랜만에 모두가 하나 되는 시간이기도 하다. 이에 더해서 YMCA 운동회는 평화와 어울림을 주제로 나와 가족, 이웃과 함께 땀을 흘려가며 마음껏 소리치고 웃는 공동체의 장이 되고자 한다. "튼튼한 몸, 넓은 마음, 꿈을 키우는 어린이"라는 한 부모의 글을 읽어 보자.

설렘과 행복이 있는 가족운동회, 아직도 귓가에 응원소리가 맴돈다. 아기스포츠단 가족

운동회는 나에게 초등학교 졸업 이후 25년만의 운동회였다. 그래서인지 부모로서 맞게 되는 첫 운동회에 대한 설레임이 처음에는 컸다. 시간이 지날수록 챙겨야 할 게 하나둘 늘고 '아이들 운동회가 뭘 그리 대단할까?'라며 기대는 사그라들어, 온 가족 대출동이라는 타이틀만을 받들어 운동장에 도착했다.

두둥~! 하지만 운동장에 도착하자, 선생님들의 밝고 건강한 기운과 열심히 준비하는 모습들로 오늘 운동회가 예상외로 신나리라는 생각이 들었다. 서로를 표정으로 느끼며 재미있게 즐기기로 마음을 고쳐먹었다. 성화 봉송을 시작으로 손을 힘차게 흔들며 입장하는 아이들을 보니 세상 어쩌나 가득하고 예뻤던지. 함성과 소고를 노래에 맞추어 일사불란하게 움직이며 햇살 가득한 운동장에서 신나게 율동하는 내 아이의 모습은 마냥 어린아이가 아니라 씩씩한 아기스포츠단의 한 단원임을 깨닫게 해주었다. 1등이 아니어도 끝까지 달리는 게 중요하다는 달리기, 오랜만에 힘쓴 아빠들의 멋진 줄다리기, 선생님들과 함께 달린 계주, 초록과 파랑, 노랑, 빨강의 신나는 응원 등. 이 모든 게 나와 내 가족을 하하호호, 깔깔깔 웃게 만든 가족운동회였다. 즐겁게 웃고 떠들고 신나게 놀다 보니 우리 아이들이 '한글 한 단어, 영어 한 단어'보다 '숲에서, 길에서, 운동장에서' 몸으로 놀고 뛰며 웃고 노는 게 더 값지다는 걸 다시 한 번 깨달았다. 이번 운동회 덕분에 나도 아이도 같이 한 뼘 자란 기분이다.

몸을 열기까지 네 가지 과정

몸은 거짓이 없다. 몸은 우리의 마음과 생각을 담아내고 표현해 내는 그릇이다. 몸이 건강하지 않을 때는 아무리 마음과 생각을 바르게 가지려고 해도 그렇게 잘 되지 않는다. 아이들의 얼굴에서, 몸에서도 그 기운을 느낄 수 있다. 힘없이 걷는 아이, 축 늘어진 아이, 항상 몸에 에너지가 넘쳐 활기찬 아이 등 마음에 따라 아이의 몸 움직임은 다르게 나타난다. 어떻게 하면 아이들이 자신의 신체 움직임을 자유롭게 끌어내고 즐겁게 열도록 할 수 있을까? 어떻게 하면 내면의 생각과 감정을 잘 다스려 표현할 수 있도록 도와줄 수 있을까?

첫 번째 – '몸을 열지 않는다'

아이들은 처음에는 쉽게 마음과 몸을 열지 않는다. 그래서 아이들의 몸을 풀어주는 시간이 필요하다. 아이들이 따뜻하고 편안한 집을 나서면 여러 문들을 만나야 한다. 이런 문을 열 수 있도록 도와주는 열쇠가 있어야 한다. 우선 아침에 만나는 '선생님의 눈인사와 다정한 목소리라는 열쇠'가 있어야 하고, 교실에 들어오기 위해서는 '손의 열쇠'도 있어야 한다. 또, 친구와 함께 하려는 '마음의 열쇠'도 있어야 한다. 이런 열쇠를 지니고 나서야 비로소 아이들은 몸을 열고 싶을 때 언제라도 자연스럽게 몸을 열려는 준비가 될 것이다.

두 번째 – '몸을 열어야 한다'

열어야 한다고 생각하지만 몸은 열리지가 않는다. 마음은 아직 '글쎄요'라고 한다. 몸을 억지로 열려고 하면, 하고 싶었던 마음마저 닫게 되어 아무것도 하고 싶지 않게 된다. 예들 들면 둘이서 함께 하는 '배 만들기'를 하려면 서로 같은 마음이 생겨야 두 다리가 높이 올라가 배 만들기가 완성된다. 하지만 '꼭 해야 해!' 하고 강조할수록 아이들은 '싫어'라는 생각으로 몸을 쉽게 열려고 하지 않는다. 이런 마음으로는 몸을 열기보다는 오히려 닫게 된다. 스스로 몸을 열게 하기 위해서는 서두르지 않고 작은 동작부터 천천히 용기 낼 수 있도록 해 주어야 한다.

세 번째 – '몸을 열고 싶다'

몸을 열기를 원한다. 아이들은 진짜로 몸을 열려고 하면 '하고 싶다', '하기 싫다'를 정확하게 이야기한다. 아이들이 같이 하고자 할 때는 정말 좋아하기 때문에 즐거운 마음으로 몸을 열게 된다. 또한 그 속에서 스스로의 만족감과 자신감을 가지게 된다. 하지만 하기 싫을 때에 몸을 억지로 열려고 하면 몸은 어떠한 재미난 활동에도 열리지 않는다. 신체 활동을 하려는 마음의 몸이 열려 있지 않은 아이들에게는 교사도 억지로 몸을 열려고 애쓰지 말고 스스로 열 수 있도록 도와야 한다.

네 번째 – '몸은 열려 있다'

몸이 열린 아이들은 함께할 준비가 되어 있다. 아이들은 마치 놀기 위해서 태어난 것처럼 주변의 모든 상황들이 놀이가 된다. 어떤 목적이 있어서가 아니더라도 자기 나름의 생각과 이해, 힘, 용기, 끈기, 자기 인식의 상태를 가지고 관계를 맺으며 몸을 열 것이다. 몸이 열려 있을 때 비로소 즐겁게 받아들이는 마음의 준비도 되어 함께하는 의지를 가지게 되는 것이다. 이렇게 스스로 몸을 열고자 하는 과정을 귀하게 여기고 집중해야 한다.

자신의 몸, 마음, 생각을 표현하고 자신의 마음에 귀 기울이는 아이들이 기능 중심이 아닌 자유로운 신체 활동을 즐기게 하며, 과열된 경쟁심보다는 함께 어울려 지내며, 결과보다는 과정을 중요시 여기는 일이 YMCA 아기스포츠단 신체 활동의 중요한 목적이다. 앞으로도 아기스포츠단에서 이루어지는 모든 신체 활동들은 놀이에 대한 즐거움을 스스로 알아가며 아이들에게 용기와 자신감을 주는 활동으로 거듭날 수 있도록 해야 한다. 또한 놀기 위해 세상에 온 아이들이 움직이고 싶은 에너지를 최대한 풀어내면서 자유롭고 안전하게 놀이에 집중할 수 있도록 사회와 부모, 교육기관 모두가 관심과 노력을 기울여야 한다.

2

마음을 달래는 치유로서
몸 놀이

몸 놀이는 유아를 대상으로 한 체육 수업을 놀이와 접목해서 만든 현재 진행형 유아 체육 수업이다. 현재 진행형인 이유는 완성된 형태가 아니라 만들어 가는 과정에 놓여 있기 때문이다. 그리고 몸 놀이의 완성은 몸 놀이 철학이나 중심 생각의 확고함이지 내용이나 프로그램의 완성은 절대 아닐 것이다. 이것은 지금껏 영, 지, 체의 균형 잡힌 인간상을 추구하는 아기스포츠단 철학에 근거해 영지 수업과 체육 수업의 연계와 통일을 꿈꾸어 왔던 과정에서 나타난 프로그램적 접근에 대한 반성과 한계에서 명백히 보여진다. 이제는 아기스포츠단 교육 철학을 이야기할 때 영지 수업, 체육 수업을 나눠 설명하고 그 각각의 특성을 짚어 가는 방식의 접근이 아닌 영, 지, 체 교육을 펼쳐 가는 과정에서 자연스럽게 포함된 몸 영역으로 봐야 한다는 것이 몸 놀이에 담는 생각이다. 그러므로 이후 전개될 몸 놀이 이야기는 꼭 몸 놀이에만 국한한 이야기가 아니라는 것을 계속 느끼게 될 것이다.

몸 놀이에 담는 중심 생각은 아이들과 소통하고 아이들의 몸짓과 마음 짓을 담아 가는 과정에서 조금씩 그 형태를 갖추기 시작했다.

먼저, 아이의 표정을 본다

아이들의 몸짓과 표정에 주목하자

몸 놀이는 자발적으로 생겨나고 자유롭게 이어지는 놀이처럼 일단 재미가 있어야 한다. 아이들은 재미가 있으면 자신감을 보다 쉽게 표현하고 표출하며 이 모든 것은 표정과 몸짓으로 나타난다. 활짝 피어난 아이들의 웃음은 수업에 적극적인 아이들을 만들고 아이들 스스로 숨김없이 자신을 보이게끔 한다.

하지만 늘 재미있는 수업을 한다는 것은 교사로서는 여간 어렵고 힘든 일이 아니다. 그러므로 수업이 재미있기 위해서는 충분히 준비하고 고려해야 할 것들이 몇 가지 있다.

첫째, 교사의 체력 : 교사의 체력은 무엇보다 중요한 요소다. 수업을 진행하는 교사가 피곤하면 아이들과 소통하는 시간도 짧아지고 충분히 소통할 수도 없다. 아이들을 교사 일변도로 몰고 가기 쉬우며 아이들의 상황을 교사 중심에서 판단하게 된다. 그러므로 몸 놀이 교사뿐만 아니라 모든 교사는 수업 준비에 있어서 가장 중요한 것으로 체력을 우선순위에 놓아야 한다고 생각한다.

둘째, 남아와 여아의 구성비 : 남자아이와 여자아이는 서로 많이 다르다. 수업에 집중하는 모습도 다르고 에너지를 발산하는 형태도 다르다. 그러므로 몸 놀이 수업은 남녀 아이 간 서로 다른 점들을 충분히 반영해야 한다. 현재의 유치원이나 아기스포츠단은 대부분 남자아이들이 여자아이들보다 월등히 많다. 이것은 여자아이들이 많은 경우보다 수업 분위기가 훨씬 산만하고 동적일 수 있다는 것을 말해 준다. 그러므로 남아, 여아의 구성비와 그 각각의 특성을 충분히 파악하는 것이 몸 놀이 수업 진행에 있어 꼭 필요한 조건 중 하나가 된다.

셋째, 그 날의 조건: 몸 놀이 수업을 하는 날의 날씨(습도, 온도와 기상상태)와 요일(주말을 가정에서 보내고 온 아이들은 월요일이 분위기가 가장 산만하다)과 시간(오전이 오후보다 훨씬 집중도가 높다)을 고려해야 한다. 만약 몸 놀이 수업을 하는 날이 간간히 비가 내리고 있는 더운 여름이고 습도가 높은 월요일 오후 시간이라면 몸 놀이 수업을 진행하는 교사에게는 매우 어려운 조건이라는 것을 알아야 한다(몸 놀이 교실이 실내라는 전제). 이것을 미리 알아채고 마음의 준비를 한다는 것은 아이들을 보다 강력하게 통제하는 방법이 아닌 여유롭고 넉넉한 마음을 준비한다는 것을 말한다. 이런 날에는 설명이 많아 복잡하거나 아이들 간 부딪힘이 많은 몸 놀이보다는 단순하고 간결하며 아이들 간 부딪힘은 적으면서 몸의 활동량은 많은 놀이를 편성하는 것이 안전할 뿐 아니라 교사와 아이들이 더불어 건강한 수업을 할 수 있다.

넷째, 아이들의 상태: 첫째, 둘째, 셋째 조건을 충분히 준비하고 고려했다 하더라도 아이들 개개인의 상태와 아이들의 관계 형성 모습을 알지 못한다면 그날의 몸 놀이 수업은 미지수다. 그러므로 교사는 몸 놀이 수업 시작 시 아이들과의 소통에서 아이들의 현재 상태를 파악해야 한다. 각각의 아이들 모습과 표정을 읽고 아이들 간에 형성되어 있는 친구 간 관계에 변화는 없는지를 살펴 본 후 수업의 강도(이해도와 친밀도)를 스스로 판단하고 조절해야 한다.

몸 놀이 교사가 이러한 네 가지 조건을 매 수업마다 철저히 준비할 때 아이들과 소통할 준비가 되었다 할 수 있을 것이다. 그리고 이러한 준비는 꼭 몸 놀이 교사만의 준비가 아니라 소통을 중심으로 한 유아 수업에서는 반드시 준비하고 고려해야 할 것이라는 데 토를 다는 사람은 없을 것이다.

소통으로 만들어 가는 수업

몸 놀이가 아무리 재미있다 하더라도 몸 놀이에 대한 아이들의 생각은 모두가 제각각이다. 몸 놀이 교사는 몸 놀이가 아이들 마음에 어떻게 다가서고 있는지를 몸 놀이를 하는 와중에도 늘 살펴봐야 한다. 몸 놀이 교사 입장에서는 한 반 또는 두 반 아이들과 몸 놀이를 하지만 각각의 아이들 입장에서는 단 한 명의 몸 놀이 선생님 그리고 친구들과 몸 놀이를 함께 하는 것이기 때문이다. 대다수의 아이들이 몸 놀이를 재미있어 한다고 하더라도 몇몇 또는 단 한 명의 아이가 몸 놀이를 재미없어 하거나 하기 싫어한다면 이 아이와는 몸 놀이에 대한 소통이 충분하지 않았음을 알아야 한다. 몸 놀이에 대한 참여 의사나 몸 놀이에 대한 아이의 부정적이고 소극적인 반응에 대해서는 몸 놀이 선생님과 담임선생님, 그리고 아이 부모와의 상담으로 충분히 대처할 수 있다. 그리고 이러한 대처의 과정 또한 서로 주고받고 이해하고 노력하는 소통의 과정이어야 한다.

[몸 놀이 교사 일기 ①] **내가 하고 싶어 하는 '몸 놀이'**

한 녀석이 몸 놀이실에 안 가려고 운다. 몸 놀이 선생님이 다가가도 고개를 휙 돌리고 담임 품에 안겨 운다. 몸 놀이가 있는 날에는 유치원에 가기 싫다며 운다. 몸 놀이실 내려오는 계단에 앉은 채 담임선생님 품에 안겨 있는 녀석 옆에 앉아 살그머니 녀석을 쓰다듬어 준다. 몸 놀이 안 할 거라고 그냥 몸 놀이실에서 놀기만 할 거라고 겨우 데리고 들어온 녀석에게 묻는다.

"뭘 하고 놀까?"

"손가락 체조!"

그거 몸 놀이인데! 손가락 체조를 했다. 그리고 또 뭐 하고 놀까 물었다. 아이쿠, 노래 틀어 놓고 달리기하잖다. 평상시 하던 몸 놀이다. 그래서 달리기를 실컷 했다. 놀다던 녀석이 결국 선택한 놀이는 다름 아닌 몸 놀이였다.

아이의 마음속에 들어가서 아이를 힘들게 하는 무엇을 꺼내 오고 싶다. 그것이 몸 놀이 선생님일지라도 아이의 편안함을 위해서는 한시라도 빨리 꺼내 주고 싶다. 오늘도 나는 등 돌린 아이를 향해 조심스럽게 손을 내민다.

연령별 난이도는 사회와 시대를 반영한다

유아 체육에서 연령 간 활동을 조절하는 난이도는 아이들의 신체 활동을 중심으로 이루어졌다. 쉽게 말해 이러한 신체 활동은 어떠한 움직임을 할 수 있느냐 없느냐, 그리고 그 활동을 이해하느냐 못 하느냐로 난이도를 편성했다고도 말할 수 있다. 그런데 과연 이러한 구분이 얼마나 정확할까? 그리고 이러한 구분은 항상 유효할까?

의문의 시작은 연령별 유아 시기 신체적 특성의 평균치를 계산하여 그것으로 난이도를 구성하는 데 있었다. 유아들은 심리 상태가 신체 활동의 크기와 범위에 적지 않은 영향을 미치는데, 신체적 특성을 측정할 때 아이들의 심리 상태(감정 상태와 성격)는 어느 정도 반영이 되었을까? 아이들의 심리 상태와 그에 따른 측정치까지 비교, 분석한 것이 아니라면 이러한 난이도는 교사용 참고 자료 이상은 되지 못한다고 생각한다.

다섯 살, 여섯 살, 일곱 살 간의 신체적, 인지적 차이는 분명히 있다. 그래서 이것을 연령별, 신체 특성별 난이도가 아닌 아이들의 관계 형성별 중심 생각으로 바꿔 생각해 보게 되었다. 하지만 이러한 중심 생각 또한 얼마든지 바뀔 수 있다고 본다. 왜냐하면 지금 제시하는 중심 생각은 2015년 현재를 살고 있는 다섯 살, 여섯 살, 일곱 살 어린이들의 사회적 특성과 시대적 특성을 반영한 것이며 같은 연령 안에서의 생일이 빠른 아이와 늦은 아이 간의 격차도 무시할 수가 없기 때문이다.

2000년 초까지만 하더라도 아기스포츠단 체육 수업에서 공동체 놀이는 아이들 개개인의 특성을 함께 살려 줄 수 있는 방법을 고민했었다. 서로 나누고 기다려 주고 함께 하는 모둠 활동이나 전체 활동을 펼치기가 그리 어렵지 않았고, 아이들의 일상생활 속에서도 이러한 모습이 자연스럽게 나타났다. 반면에 아이들 개개인은 자신을 드러내기를 부끄러워하거나 어려워하는 경향이 많아 아이들 나름의 개성을 살려주는 다양한 방법들을 고민했던 것이었다.

예를 들자면 기구 운동을 하더라도 똑같은 기구를 가지고 똑같은 활동을 하는 것이 아니라 한 명 한 명의 아이들이 자신 있어 하는 것을 하도록 했다. 매트에서 구르는 것에 자신감이 있는 아이는 앞구르기를 하고, 다리 벌려 뜀틀 넘기에 자신 있어 하는 아이는 뜀틀 넘기를 했다. 철봉에서 앞돌기를 자신 있어 하는 아이는 철봉을 하고, 평균대에서 사뿐 사뿐 걷는 것을 하고 싶어 하는 아이는 평균대를 했다. 잘하고 못하고를 떠나 이렇게 자신 있어 하는 것을 하며 스스로에 대한 자신감을 키워 나가는 데 더 중심을 두었다.

하지만 지금은 개개인의 특성을 살려 주는 놀이보다는 이를 바탕으로 서로 돕고 서로 나누고 서로 느끼는 활동들에 더 초점을 두고 있다. 왜 그럴까? 예전과 마찬가지로 부끄러워하고 자신 없어 하는 아이들은 여전히 있지만 지금의 아이들은 대개 자신을 드러내는 것을 어려워하지 않는다. 그래서 이렇듯 자신을 드러내는 데 소극적인 아이들에게 힘을 주는 활동을 하더라도 예전과는 다른 활동을 하게 되었다. 그래서 몸 놀이의 흐름이 서로 돕고 서로 나누고 서로 느끼는 놀이들에 더 맞춰지게 된 것이다. 이는 아이들의 일상을 보지 않고는 변화할 수 없는 부분이다. 아이들의 일상은 아이들이 살아가고 있는 현시대와 상황을 충분히 반영하기 때문이다.

다음은 이러한 고민 속에서 몸 놀이를 매일매일 정리하고 수정해 가며 만든 나름의 연령별 몸 놀이에 대한 중심 생각들이다.

첫 배움, 서로 배움, 동생을 통해 배움
다섯 살, 여섯 살, 일곱 살을 중심으로

연령별 몸 놀이에 담는 생각

그동안의 아기스포츠단 교육은 영지 수업과 체육 수업으로 나누어 각각 영지 선생님과 체육 선생님이 맡아서 진행했었고 이러한 구분 속에서 서로 다른 교육안을 가지고 아이들을 만났었다. 많은 시간을 거쳐 오면서 영지와 체육 수업을 잇기 위한 과정도 분명 있었다. 하지만 동일한 주제를 가지고 풀어 보려는 노력은 한계가 금방 드러났고 수업 내용의 통일은 더더욱 힘든 일이었다. 영, 지, 체의 조화로운 과정을 추구하는 아기스포츠단 교육에서 영, 지, 체를 수업으로 나누어 진행하는 단순한 구조에서 과감히 벗어나지 못하는 오류를 계속 범해 온 것이다. 이는 영지 수업은 영지 수업대로 체육 수업은 체육 수업대로 고유의 영역이라고 생각하는 부분을 과감히 내려놓지 못한 데 원인이 있다고 생각한다.

아래에 있는 연령별 몸 놀이에 담는 생각은 영지나 체육 수업의 영역 구분을 넘어서는 아이들의 배움 단계에 초점이 맞추어져 있다. 더 이상 영지 수업과 체육 수업의 연계나 통일을 고민할 필요 없이 함께 준비하고 나누는 가운데 자연스럽게 역할을 가져갈 수 있는 것이다.

뿐만 아니라 같은 연령 안에서도 천차만별인 아이들의 인지 능력이나 운동 능력을 연령별로 어떻게 나누어야 할지 고민할 필요도 없다. 그러므로 아래의 연령별 중심 생각은 몸 놀이에만 국한되는 것이 아니라 아기스포츠단 전체 수업에 해당되는 중심 생각이라 할 수 있다.

다섯 살 : 첫 만남은 무엇보다 중요하다. 첫 만남은 그 자체만으로도 경이로움, 신비로움, 호기심이 가득하다. 이러한 가운데 가정을 떠나 사회에 첫발을 디디는 아이들이 신나게 자유롭게 마음껏 충분히 경험하고 느끼고 즐기도록 돕는다. 그리고 충분히 마음껏 경험하고 느끼고 즐기는 이러한 배움의 자세는 다섯 살, 여섯 살, 일곱 살의 공통 생각이 된다.

여섯 살 : 여섯 살 아이들에게 다섯 살 때의 경험은 참으로 소중하다. 이러한 경험을 바탕으로 서로 비교가 아닌 서로 배움을 할 수 있도록 돕는다. 비교는 자기 자신과의 비교로 건강하게 성장할 수 있게 돕고(예: 예전에는 줄넘기를 하나밖에 넘지 못했는데 지금은 세 개까지 넘는다), 일상에서 내가 잘하는 것은 친구와 나누고 내가 잘하지 못하는 것은 친구로부터 배우는 자연스러운 서로 배움이 생활 문화가 되도록 돕는다.

일곱 살 : 내가 아는 것, 내가 할 수 있는 것을 다른 이들과 나눌 수 있도록 돕는다. 이것은 서로 배움과는 다른 의미다. 내가 잘 알거나 할 수 있는 것을 잘하지 못하는 아이, 특히 동생들에게 알려 주고 가르쳐 줌으로써 동생을 통해 나 자신을 다시 보고 배우는 과정이 포함된다. 내가 아는 것을 더 잘 알게 되고 내가 잘하는 것을 더 잘하게 되는 보다 높은 의미의 자기 배움 과정이다. 이는 아는 것을 나눌 수 있을 때(가르쳐 줄 수 있을 때) 비로소 진정으로 아는 것이라는 의미다.

[몸 놀이 교사 일기 ②] 인라인 스케이트를 통해 몸 놀이를 배우다!

오늘부터 인라인 스케이트 수업을 시작한다. 더워진 날씨로 아이들이 보호대 착용을 하면서도 땀을 흘린다. 첫날이라 보호대 착용만으로도 많은 시간이 걸렸다. 10분이나 탔을까? 아이들이 벌써 지친 기색이다.

하루 수업을 마치고 몸 놀이 인턴 선생님과 하루 일과를 정리한다. 처음 있었던 인라인 수업과 연이어 진행한 수영 수업에 인턴 선생님도 적잖이 힘들었나 보다. 무엇보다 인라인을 많이 못 탄 것을 아쉬워한다. 보호대 착용을 미리 하고 갈 수 있는 방법은 없나 질문한다. 빙그레 웃음으로 화답한다. 그리고 짧지만 짧지 않은 이야기를 시작한다.

"좋은 질문이에요. 인라인 스케이트 수업을 하면서 스케이트를 오래 타는 방법을 고민하는 것은 당연한 일이에요. 여기서 스스로에게 이렇게 한번 질문해 봐요. 몸 놀이 선생님과 인라인 스케이트 강사는 무엇이 다른가. 강사는 스케이트만 가르치면 돼요. 그것도 잘 타게 하는 방법을 중심에 놓고요. 하지만 몸 놀이 선생님은 어떻게 타는가를 먼저 생각해야 한다고 생각해요. 그리고 앞으로 어떻게 탈지도요. 인라인은 단지 도구일 뿐이잖아요.

도구를 능숙하게 사용하지 못한다 하더라도 그 도구를 사용하는 것을 즐기고 행복해 한다면 그게 더 좋지 않을까요? 수영도 마찬가지죠. 수영을 처음 접한 다섯 살 아이들과 1년 동안 함께 하는 것은 스스로 옷 입고 벗고 샤워하고 닦고 그리고 신나게 물놀이하는 것이죠.

물놀이를 너무너무 신나하는 아이가 수영하는 것을 싫어하겠어요? 물놀이만큼 즐기죠. 수영도 다양한 물놀이 중 하나가 될 테니까. 그렇다고 인라인 스케이트 타는 법과 수영을 익히지 않는다는 말은 아니에요. 중심 생각을 말하는 겁니다. 아무리 잘하는 사람도 즐기는 사람은 이기지 못해요. 우리는 아이들의 미래를 내다보고 몸 교육을 하는 선생님이라는 말씀을 드리는 거예요.

나름 연령별로 다양한 몸 놀이의 공통 배움 패턴을 말씀 드리자면 다섯 살은 무엇이든 첫 만남이니 행복한 만남이 될 수 있도록, 그리고 충분히 빠져들 수 있도록 맘껏 하죠. 여섯 살 은 한 번의 경험을 토대로 서로 비교가 아닌 서로 배움을 통해 이를 다시 경험하도록 합니다. 일곱 살은 나눔을 통해 진정한 자기 배움을 경험합니다. 이것은 다른 것을 배울 때도 해당 된다고 봅니다. 온전한 배움이 되려면 이러한 과정이 필요한 것이죠.

몸 놀이에도 나름의 철학이 있습니다. 몸 놀이에 국한된 것은 아니지만 지금은 몸 놀이 얘 기를 하는 중이니 몸 놀이로만 생각하면 됩니다. 서두르지 않는 것은 이러한 이유에서입니 다."

인라인 스케이트와 수영 수업에 대하여 학부모 몇 분과 전화 통화를 했다. 아이가 작 아서, 힘이 없어서, 체력이 약해서, 그리고 걱정이 돼서 노심초사하는 부모들이었다. 부모들을 안심시키고 다시금 신뢰를 가지게 한 말은 '할 수 있습니다!'가 아니었다. '하게 만들겠습니 다!'도 아니었다. 아이가 그 시간을 행복하게 보낼 수 있게 최선을 다하겠다는 말이었다.

비싼 인라인 스케이트를 샀는데 빠른 시간 내에 아이가 그것을 잘 타고, 즐겨 타게 하 고 싶은 부모의 마음을 충분히 이해하며 작지만 확신에 찬 목소리로 이렇게 말씀 드린다.

"어머님께서는 인라인 스케이트를 사신 것이 아니라 아이들의 가능성과 용기, 그리고 행 복을 사신 겁니다!"

여섯 살, 스스로 하기와 서로 배움 : 다섯 살 아이들이 첫 만남의 환 희 속에 일곱 살 아이들의 도움을 받으며 언니, 오빠, 형이 되는 꿈을 꾼다면, 여섯 살 아이들은 스스로 하기와 서로 돕기, 서로 배움을 한다.

혼자서 할 수 있는 아이들은 혼자서 하고 도울 수 있을 때는 서로 도우며 배움을 얻는다. 바퀴 달린 의자를 미는 아이들은 중심을 잡으며 스케이트를 밀어내는 연습을 할 수 있고, 의자에 앉은 아이들은 쉼과 재미를 동시에 느낄 수 있다. 수업 때마다 사무실 의자를 전부 들고 나와서 사무실 선생님들이 생뚱맞은 의자에 앉아야 하지만 선생님들이 성심성의껏 도와 주셔서 좋고 또 이보다 좋은 배움 도구는 아직까지는 찾지 못했다. 의자가 크고 무거운 것도 있어서 작고 가벼운 것을 구입할까도 고민 중이지만 나름 크기와 무게에 따라 강약 조절이 되는 좋은 점도 있다.

다른 연령별 통합 몸 놀이

이러한 연령별로 다른 중심 생각을 보다 폭 넓고 속 깊게 펼치기 위하여 다른 연령별 통합 몸 놀이 수업을 함께 진행하고 있다.

서로 비슷한 아이들끼리 서로 비슷한 것을 하다 보면 개중엔 더 잘하기 위해 둘이서 다투기도 하고 셋이서 다투기도 한다. 경쟁은 같은 목적을 위하여 앞서거나 뒤처지지 않으려고 서로 겨루는 것을 말한다. 교육은 같은 목적을 이루기 위한 것인가? 같은 목적이 아니라 서로 다른 꿈을 실현하고자 한다. 그러므로 같은 목적을 가질 필요가 없다.

한 살이라는 틈새는 아이들에게 서로가 다름을 자연스럽게 알려 준다. 결코 틀리거나 뒤처진 것이 아니라 배움의 속도만 다르다는 점을 알려 준다. 이기려는 마음보다 돕고자 하는 마음이 더 크고, 가지려는 마음보다 나누는 마음이 더 풍요로움을 몸이 먼저 배운다. 그래서 때로는 몸에 귀 기울이는 시간이 필요하다. 다음은 다른 연령별 통합 몸 놀이의 실제 사례들이다.

[몸 놀이 교사 일기 ③] 다섯 살과 여섯 살의 통합 몸 놀이

다섯 살 아이들과 여섯 살 아이들이 만났다. 다른 연령들과의 통합 수업에 익숙한 아이들이기는 하다. 다섯 살이 네 반, 여섯 살이 두 반, 일곱 살이 한 반이다 보니 한 번 만났던 반을 다시 만나기까지는 한참 걸린다. 아이들은 연령별로도 차이가 있지만 같은 연령이라도 구성원이 다르고 담임의 특성이 다르기에 반 분위기가 서로 다르다. 일주일에 일곱 반을 각각 두 번씩 만나는 몸 놀이 선생님이기에 그 다름을 확연히 느낄 수 있다. 뿐만 아니라 어떤 반과 어떤 반이 만났느냐에 따라서도 그 조합의 특성이 달라진다. 그래서 연령이 서로 다른 반들의 통합 수업을 할 때는 그때마다 수업 형태가 달라진다. 게다가 다른 연령별 통합 수업이 있는 날은 아이들이 가장 집중도가 떨어지는 월요일 오전이다. 여기에 그날의 계절, 날씨, 습도에 따라 아이들은 또 달라진다. 또 하나 빠뜨릴 수 없는 것이 몸 놀이 교사의 건강 상태다. 오늘처럼 어제 1박 2일 캠프를 마치고 온 날이면 피로가 채 회복되지 않아서 교사의 컨디션은 50퍼센트 이하를 밑돈다.

그런데 수업 한 번 하는데 꼭 이런 것들을 고려해야 할까? 이런 것 저런 것 상관없이 교육안을 짠 대로 그냥 수업을 해도 뭐라 할 사람은 아무도 없다. 그럼에도 불구하고 무엇보다 이런 조건을 먼저 고려하고 준비하는 것은 아이들과의 소통 때문이다. 몸 놀이에서 가장 중요한 것은 아이들과의 교감이고 소통이기 때문이다.

여섯 살 아이들과 다섯 살 아이들이 각각 한 명씩 짝을 이룬다. 누구와 짝을 할지는 전적으로 아이들 몫이다. 선생님이 조절해 주지 않는다. 경우의 수가 솔찮게 많은 다른 연령간의 통합 수업이지만 늘 같은 것도 존재한다. 여섯 살과 다섯 살의 통합 수업에서는 여섯 살을 보고 배울 수 있도록 하고 일곱 살과 여섯 살의 통합수업에서는 일곱 살을 보고 배우도록 한다. 이것은 아이들을 향한 선생님의 진심 어린 신뢰에서부터 시작한다.

그래서 짝을 찾아 나서는 것은 언니, 오빠들이지만 동생들이 그 선택에 좋고 싫음을 표현할 수 있다. 그렇기에 매번 짝을 이루는 과정이 쉽지 않다. 하지만 이러한 과정은 꼭 필요한 서로 인정의 과정이기에 대충 넘어가는 일이 없다.

짝을 이루고 나서는 가장 먼저 서로 이름을 묻고 서로 친해지는 손 놀이를 한다. 여기에 언니, 오빠, 형들의 서비스가 한 번씩 포함된다. 업어 주거나 안아서 번쩍 들어 주거나 말을 태워 주는 것만으로도 동생들에게 신뢰를 얻을 수 있다. 그러고는 손을 잡고 늘 하는 짝 체조를 신나게 한다. 아이들 간의 쑥스러움이 조금씩 누그러지기 시작하면 본격적인 몸 놀이를 시작한다.

오늘은 모든 연령 아이들이 학기 초에 했던 장애물을 이용한 놀이, 폴라리 폴라리 섬나라를 찾아가는 놀이다. 여섯 살 아이들이 몸 놀이 도구들이 즐비한 방에 함께 들어가서 놀이를 할 도구들을 직접 골라 꺼내 온다. 도구 중에는 두세 명이 들기에도 무거운 평균대도 있지만 동생들이 지켜보는 가운데에서는 이 정도 무게는 거뜬히 들고 갈 수 있는 형들이 된다. 적당한 도구들을 꺼낸 여섯 살 아이들이 그 도구들을 가지고 마치 장애물 놀이를 하듯 서로 연결

하고 올리고 내리고를 반복하며 폴라리 폴라리 섬에 이르는 길을 만든다. 다섯 살 동생들은 언니, 오빠들이 길을 만드는 과정을 뚫어져라 바라본다. 어느덧 복잡하면서도 재미있는 길이 만들어지고 나면 여섯 살 아이들이 그 길을 걷거나 통과하거나 뛰어넘는 방법을 직접 보여 준다. 여섯 살 아이들도 서로 생각이 다르기 때문에 조금씩 방법이 다르기는 하지만 그것은 별로 중요하지 않다. 그 길을 무사히 지나기만 하면 되니까. 다음은 언니, 오빠들의 제각각 다른 시범 아닌 시범들을 본 다섯 살 동생들 차례다. 여기서 또 여섯 살 언니, 오빠들의 멋진 모습이 나타난다. 동생들이 잘 건너고 뛰어넘고 통과할 수 있도록 짝이 된 언니, 오빠들이 곁에서 따라다니며 계속 도와준다. 개중에는 혼자 하겠다고 하는 다섯 살도 있는데, 이럴 때는 곁에 서서 계속 지켜보기만 한다. 한 번의 과정이 끝나면 또 한 번의 다른 과정을 언니, 오빠들이 새로 만든다. 일종의 2단계가 되는 것이다. 몸 놀이 시간은 1시간 30분이지만 이 시간이 결코 길지 않다.

수업을 마칠 시간이 되면 함께 명상을 한다. 명상을 하는 이유는 몸으로 담은 것을 마음에도 담기 위해서다. 짝이 된 동생, 언니 손을 꼭 잡고 눕는다. 명상에서 가장 중요한 것은 편안한 숨고르기다. 맞잡은 손을 느끼고 함께 한 시간을 느낀다. 명상이 끝나고 나면 몸 놀이하느라 수고한 몸을 서로 두드려 주고 쓸어 주면서 몸의 기운을 정리한다.

다른 연령 간 통합 수업은 짝이 된 언니, 오빠들이 동생들을 반까지 데려다 주면서 끝이 난다. 여섯 살 아이들이 꺼낸 수업 도구는 여섯 살 아이들이 또 다시 몸 놀이 도구가 있는 방에 직접 가져다 놓는다. 몸 놀이 이후에는 반드시 손을 씻는데 오늘은 여섯 살 언니, 오빠들이 동생들 손도 직접 씻겨 주겠다고 해서 그 마음에 큰 박수를 보내 주었다.

일곱 살 아이와 다섯 살 아이가 짝이 되어 인라인 보호 장구를 착용하고 있다. 먼저 동생이 착용하는 것을 돕고 다음에 자기 것을 스스로 착용한다. 일곱 살끼리 수업했을 때는 도움을 요청했던 아이들도 동생들과 함께할 때는 도움을 청하지 않는다.

다른 연령 간 통합 몸 놀이
인라인 스케이트

일곱 살 아이들의 얼굴에 어린 그 어느 때보다 큰 당당함! 인라인 스케이트 탈 준비를 마친 아이들이, 일곱 살과 다섯 살이 손을 잡고 걷기 연습을 한다. 처음에는 넘어진 동생들을 일으키기도 어려웠던 아이들이 뒤에서 허리도 잡아 주고 스스로 하려는 동생은 거리를 두고 서서 바라봐 준다. 일곱 살 아이들도 조금씩 느끼는 것 같다. 진정한 배움은 나누는 것이라는 걸!

일곱 살은 인라인 하키를 하고 다섯 살은 잡을 곳이 많은 곳에서 스스로 걷는 연습을 한다. 서로 같은 것을 하기도 하고 서로 다른 것을 하기도 하고. 다섯 살 아이들은 난간을 잡고 걸으며 일곱 살 형들을 바라본다. '나도 일곱 살이 되면 저것을 할 수 있겠구나' 하는 표정으로.

서로 배움, 배려, 존중, 그리고 인정과 신뢰 등 세상에는 참 좋은 말들이 많다. 이렇게 좋은 말들이 몸에 익숙해지고 자연스러워지는 것만큼 좋은 것이 어디 있겠는가. 몸 놀이는 몸을 통한 놀이이고 몸을 바탕으로 한 놀이이지만 몸만 있는 것은 아니다. 몸은 몸대로 온전해야 한다고 믿는다.

틀이 없는 몸 놀이들
몸 놀이의 틀 확대하기

아기스포츠단의 체육 수업은 몇 개의 영역(신체 표현, 신체 적성, 기구 운동, 공동체 놀이 등)으로 나눠지고 그 영역들은 나름의 서로 다른 특징들이 있다. 이러한 영역들 속에서 새롭고 다양한 프로그램을 구상하고 변화를 시도해 보기도 했지만, 영역이라는 틀이 주는 확고함 때문인지 새로움과 다양함에는 한계가 있었다. 그래서 틀 안이 아닌 틀 바깥에서 바라보는 작업을 다시 시도해 보았다.

다음은 이러한 시도의 과정이며 시도를 통해 배우게 된 몇 가지 중심 생각들이다.

기구와 공간을 넘어서

아기스포츠단에서 체육 수업 시간에 사용하는 기구들이 많은 듯하지만 막상 하나하나 세어 보면 별로 없는 것처럼 느껴진다. 덩치가 있는 기구로는 뜀틀, 매트, 철봉, 평균대, 트램펄린 등이 있고, 작은 기구로는 공, 리본, 끈, 천, 유니바, 줄넘기, 훌라후프 등이 있다. 이러한 기구만 사용하더라도 짧게는 1년, 길게는 3년 동안 아이들과 체육 수업을 하는 데 부족함이 없다. 같은 기구 운동이라도 매년 계속하다 보면 아이들마다 서로 다른 모습을 보인다는 것을 알 수 있고 그 모습들을 보면서 변해가는 아이들의 모습을 확인할 수도 있지만, 이러한 기구 운동이 아이들에게 매년 적절했는지는 다시 한 번 되짚어 볼 필요가 있다고 생각한다. 매년 서로 다른 아이들을 만나면서 '아이들마다 가장 잘 맞는 기구만을 골라서 기구 운동을 할 수는 없는 것인가? 그리고 만약 지금껏 해 왔던 기구만으로 충분하지 않다면 기구가 가져다주는 효과로 기구를 선택할 것이 아니라, 얻고자 하는 효과가 어떤 것인지에 따라 기구를 생각하는 것은 어떨까?' 하는 고민을 하기 시작했다. 뒤집어 생각하면 그것이 꼭 뜀틀이고 철봉이지 않아도 될 법도 했다. 그래서 기구를 새롭게 생각하여 만들고 수업에 활용하기 시작한 것이 바로 재활용 기구들이다. 재활용 기구는 기구를 재활용하는 의미도 있지만 재활용 물품들을 이용해 만든 기구를 말한다. 실재 사례를 보자.

1) 재활용 종이 상자로 하는 놀이

나는 종이 상자를 참 좋아한다. 종이 상자만큼 변화무쌍한 재료도 없기 때문이다. 여기 저기 재활용하다 너덜너덜해지면 마지막에는 폐지로 팔 수 있으니 이보다 더 좋은 재료는 없는 것 같다.

공굴리기 : 종이 상자 세 개를 세로로 뜯어 각이 지게 엮으면 공굴리

기가 된다. 중간 중간 끈을 활용하면 이만저만 튼튼하지 않다. 여기에 가로지르는 박스도 연결하면 완벽한 공이 되기도 한다.

달팽이 놀이 : 달팽이 놀이가 하고 싶은데 바닥에 그림을 그릴 수도 없고 비닐 테이프도 붙일 수 없는 곳이라면 이렇게 입체 달팽이 놀이를 만들 수도 있다. 길이야 종이 상자를 얼마나 연결하느냐에 따라 달라지니 공간 활용도도 좋은 재료다.

내 손을 잡아 줘! : 눈 위치에 구멍을 뚫지 않아도 재미있다. 손을 잡고 인도할 때 곁에서 보기도 귀엽고 의미도 좋다. 운동회에서 처음 써 봤는데 반응이 참 좋았다. 많이 만들면 종이 탈 인형 축구 경기도 할 수 있다.

종이 상자 기차 : 기차는 정해진 길로만 다닌다. 하지만 뻔한 길도 어떤 기차가 가느냐에 따라 따분하지 않다. 특별할 것도 없어 보이는 놀이인데 막상 운동회에서 해 보니 재미가 솔솔난다. 몸 놀이 때도 하고 아이들의 일상에서도 함께 할 수 있는 재미있는 놀이다.

이 상자는 무엇에 쓰는 물건? : 사방에 구멍 하나씩 총 4개의 구멍이 있고, 구멍은 천으로 가려

져 있다. 새로 고안한 과자 먹기 상자다. 총 4개
의 구멍 중 한 개의 구멍은 머리를 넣으면 입에
과자를 먹여 준다. 하지만 나머지 세 개의 구멍
은 뿅 망치가 기다리고 있다.

2) 재활용품으로 만든 썰매들
아이들과 함께 준비하고, 때로는 함께 만들고, 때
로는 함께 계획하고, 그리고 함께 놀기.

3) 대야 놀이
굳이 우리말로 하자면 고무 통 놀이 정도가 될 것
같다. 무엇이든 많이 있으면 몸 놀이 수업 도구로 쓰
기 용이하다. 처음 고무 통을 쓰게 된 것은 뜀틀 대용
품으로였다. 나름 쿠션도 있고 모양도 다양해서 다용
도로 활용하기 좋아 시작했는데, 개수가 많으면 활동
도가 더 높아진다. 처음 선을 보인 자리는 운동회 전
체 놀이에서였다. 그때는 부모님들이 나란히 들고 서면 아
이들이 그 위를 걷는 일종의 놋다리밟기 놀이였다. 그리고
릴레이 때 동그랗게 라인을 표시하는 용도로도 활용하니
이래저래 만족스러웠다.
운동회를 마친 아이들에게 고무 통은 낯익은 소품이어
서 몸 놀이 수업을 하기에 적절했다. 자연스럽게 이어지

는 몸 놀이는 지난 수업의 내용이 새로운 내용과 자연스럽게 겹쳐질 때다. 고무 통을 바닥에 쭉 깔아 놓고 그 위에서 율동체조를 했다. 아이들이 좋아하는 원숭이 체조가 별안간 교통경찰 아저씨 체조가 되기도 하고 박수 체조는 통을 두드리며 하는 놀이가 되어 신나는 난타 체조가 되기도 했다. 무엇보다 '즐겁게 춤을 추다가 그대로 멈춰라~' 놀이는 고무 통 속에 숨는 아이들의 모양을 자연스럽게 만들어 냈다. 아이들 표현으로 거북이, 달팽이, 다슬기 놀이가 되었다. 그리고 그 위를 폴짝폴짝 뛰어다니는 징검다리 건너기 놀이, 하나는 튀어나오고 하나는 쑥 들어간 들어갔다 나왔다 징검다리 건너기 놀이, 뛰어놀다가 꽃게를 피해 도망가는 고무 통 놀이 등 하루 만에도 하고 싶은 놀이가 계속 쏟아져 나왔다.

무엇보다 고무 통 속에 몸을 웅크리고 누워서 하는 명상은 엄마 뱃속에 있었을 때의 모양과 느낌을 살릴 수 있어 아이들에게는 또 다른 경험이었을 것 싶다.

여섯 살 아이들은 노래를 부르며 토끼와 거북이 체조를 하고 어려운 징검다리 건너기를 한다. 군데군데 앉아 있는 친구를 만나면 가위바위보를 해야 한다. 이기면 통과하고 지면 처음으로 돌아가야 한다. 앉아서 가위바위보를 하는 친구들을 수시로 바꾸면서 마지막 여섯 번째 친구까지 통과하는 어린이는 몇 명이나 될까?

1시간 동안 계속된 징검다리 건너기에서 마지막까지 통과한 어린이는 단 두 명, 하지만 통과하지 못해도 재미있고 가위바위보를 하는 것만으로도 신난다.

명상은 거북이 명상을 한다. 거북이 마냥 집에 들어가서 푹 담기면 아이들 마음도 푹 담긴다.

일곱 살 아이들은 고무 통으로 건널 수 있는 다리를 직접 만들었다. 엎어 놓거나 뒤집어 놓는 수준이 아니라 몇 개씩 포개 놓은 뒤 뛰어넘고 건너곤 한다. 양말 신은 아이들은 미끄러워서 양말을 벗거나 고무 통을 친구들이 잡아 준다. 고무 통 입구 쪽

을 서로 맞대면 높이가 높아지는 대신 잘못 밟으면 고무 통이 엎어지는데, 아이들이 누구랄 것도 없이 가서 포개진 고무 통 양쪽을 잡아 준

다. 안전 교육이 저절로 되는 셈이다. 고무 통 스물여덟 개로 얻는 게 너무 많다.

4) 페달 없는 자전거

자전거를 처음 배우는 아이들에게 페달 없는 자전거는 어떤 의미인가? 페달 없는 자전거를 보고 자전거를 타는 아이들을 떠올렸다. 그래서 자전거 교육을 시작했다. 자전거 교육을 한다면 무엇을 담아야 할까? 단순히 자전거 타는 법을 알려 주기 위한 수업은 아니어야 한다는 생각이 퍼뜩 들었다. 그래서 자전거 수업에 꼭 담아야 하는 것 몇 가지를 먼저 정리해 보았다.

기구를 사용하는 모든 운동에서는 빠질 수 없는 것이 안전 교육이다. 자전거를 타는 것은 내 몸과 지구를 살리는 환경운동이다. 그리고 자전거 타기를 배우는 과정에서 '아이들이 보이는 반응과 그에 따른 올바른 소통 방법을 배우기'가 있겠다. 마지막으로 다른 수업과의 자연스런 어우러짐과 반영을 들 수 있다. 이렇게 네 가지로 정리했다.

수업에 들어가기 전 페달 없는 자전거를 10대, 페달 있는 자전거를 5대 구입했다. 외발 자전거도 도전하고 싶었지만 올해는 무리일 듯하여 내년으로 미루었다. 수업으로 사용할 자전거를 고를 때는 이동이 용이하고 가벼운가, 자전거의 바탕색이 통일(아이들이 선호하는 색을 고집하는 경우가 있어서) 되어 있나, 튼튼한가, 높낮이 조절이 편한가, 안전 장구는 함께 구입할 수 있는가, 가격은 적절한가, 습기에 강한가 등 여러 가지를 충분히 고려해야 했다.

하지만 같은 색의 구입이 어려워 각기 다른 색 자전거를 구입했는데, 이럴 때는 시작하기 전 안전 교육과 더불어 자전거의 색상을 선택하는 것에서도 이야기 나눔을 잊지 말아야 했다.(한 번이라도 빼 먹으면 그날은 꼭 원하는 자전거를 타지 못해 슬퍼하는 아이들이 생긴다.)

우선 안전 교육을 살펴보자. 자전거도 차다! 장난감으로 여겨서는 안 된다. 도로나 인도, 그리고 공원이나 하천변 등에 자전거를 위한 자전거 도로가 만들어져 있지만 보행자를 먼저 배려해야 함을 잊지 않는다.(따르릉 따르릉~ 노랫말에서는 자전거가 가니 비켜달라고 하지만, 의미를 새롭게 새겨 보행자가 있으면 일단 멈출 수 있도록 한다.) 페달 없는 자전거는 두 발이 브레이크 역할을 하므로 발로 제동을 걸지 못할 만큼 빨리 달리지 않도록

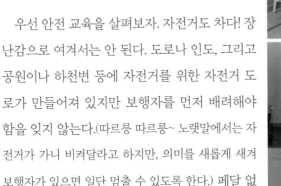

한다. 앉으면 양쪽 핸들을 꼭 잡고, 내리기 전까지는 (특히 움직이고 있을 때는) 핸들을 놓지 않도록 한다.

다음으로 자전거를 타는 것은 내 몸과 지구를 살리는 환경운동이며 나만을 위한 것이 아니라 우리 모두를 위한 것도 된다는 것을 알려 주자.(수업 마지막에 바람을 느끼며 하는 명상을 함께 하면 좋다.) 내 몸도 튼튼해지고 지구도 건강해질 수 있는 깨끗한 지구 환경을 지켜가는 길임을 잊지 않는다. 이러한 의미는 실제 자전거 수업 내용면에서도 충분히 담을 수 있다. 자전거를 타며 쓰레기를 줍기도 하고, 자전거 몸체에 그 의미를 새겨 교육장을 찾는 다른 사람들에게 의미를 알려 나갈 수 있다.

자전거를 배우는 과정에서 나타나는 아이들의 반응을 보고 올바른 소통 방법을 익혀 보자. 자전거 수는 수업에 참여하는 아이들 수의 절반 정도가 적당하다. 자전거 한 대를 둘이서 번갈아 가며 탈 수 있도록 하면 자전거 탈 때 서로 도움을 주고받을 수 있다. 안전 교육을 한 후 자유롭게 타기를 먼저 하는 방법도 있다. 페달 없는 자전거는 두 발로 밀며 타는 것이기 때문에 처음 하는 어린이들도 쉽게 할 수 있다. 대부분의 아이들이 두 발로 동시에 밀며 타지 않고 마치 걷듯이 아장아장 걸으며 타는데 제대로 타는 것은 몇 회 자전거를 탄 이후에 해도 늦지 않다. 아이들 중에서 운동신경이 좋거나 활동적인 아이들은 아무래도 다른 아이들보다 빨리 익힌다. 아이들 간 익힘 정도가 서로 다르기 때문에 이에 대한 조율을 어떻게 하느냐가 중요하다.

선생님이 가르치기 쉽게 아이들의 기량을 중심으로 상중하로 나눠 수업할 수도 있지만 이는 아이들 간 비교를 부추기는 결과를 낳을 수도 있으므로 이 방법은 안 쓰는 것이 좋을 것 같다. 몸 놀이 수업의 중심 생각 중 하나인 서로 배움이 자연스럽게 일어날 수 있도록 아이들의 기량(자전거를 잘 타고 못 타고)이 아닌 참여 의지에 집중했다.

짧은 거리를 오가는 왕복 달리기 방식이 아닌 서로 이야기도 나누며 주변도 구경할 수 있는 자전거 여행 방식을 택했다. 10대의 자전거가 동시에 출발하더라도 속도가 서로 다르기 때문에 앞서거나 뒤처지는 아이들이 생기기 마련이다. 이런 경우 선생님은 어떻게 해야 할까? 앞선 아이들을 멈추게 하고 뒤처진 아이들이 올 때까지 기다리게 하면 앞선 아이들이 뒤처진 아이들을 재촉하게 된다. 뒤처진 아이들도 나름 최선을 다하고 있는데 재촉을 하게 되면 흥미가 떨어지게 되고 그것이 아이들 간의 기량 차이를 더욱 두드러지게 할 수도 있다. 그러므로 이러한 경우에는 앞선 아이들이 다시 되돌아가서 늦게 오는 아이들과 함께 올 수 있도록 유도를 하면("친구들을 도와주러 가자~!") 속도가 빠른 아이들은 빠른 아이들대로 더 많이 탈 수 있고 느린 아이들은 느린 아이들대로 스트레스 없이 최선을 다하게 되어 자전거 여행을 행복하게 함께 마칠 수 있다.

어떤 놀이든 하고 싶어 하지 않는 아이가 있을 때가 있다. 마치 편식을 하는 아이가 싫어하는 반찬 때문에 밥을 먹고 싶지 않다고 말하는 것처럼, 자전거를 타고 싶어 하지 아이들도 그들만의 이유가 분명히 있다. 늘 뒤처져서 친구들 쫓아가는 게 벅차거나 친구로부터 못 탄다는 소리를 들어 기분이 상했거나 자전거 활동 중에서 마음에 들지 않는 것이 있거나 함께하는 친구가 마음에 들지 않아서 그럴 수도 있고, 자전거를 타기 전에 기분 나쁜 일이 있어서 그럴 수도 있다. 이유야 아이들 수만큼 얼마든지 있다. 이럴 경우 아이들은 자전거를 타고 싶지 않다는 것으로 표현한다. 그리고 대부분의 아이들은 하고 싶지 않은 이유를 분명히 말하지 않는다.

꼭 해야 하는 것이라고 억지로 시킬 수는 없다. 그래서 하고 싶지 않은 이유를 함께 찾아보고 해결해 가는 과정은 분명히 의미가 있다. 하고 싶지 않은 이유를 찾으면 그것을 해결할 수 있고, 그러면 하고 싶어지지 않을까? 이는 아이들의 욕구에 관한 문제다. 무엇을 하든 욕구를 담아내는 것은 중요한 일이다. 저마다 다른 아이들의 욕구를 알아채는 것, 몸 놀이 교사로서 결코 놓쳐서는 안 되는 일이다.

[몸 놀이 교사 일기 ④] **공간(몸 놀이실 울타리 넘어서기)**

할로겐 불빛, 딱딱한 벽, 바람이 잠든 창, 그리고 공기 청정기. 살갗을 감싸고 있는 옷을 벗어 던지듯 울타리를 넘어서면 높고 파란 가을 하늘과 눈부신 햇살. 눈만 감으면 온 몸을 휘감는 바람, 생명이 살아 숨 쉬는 흙과 키 큰 나무들. 몸 놀이실 울타리를 없애면 아이들은 보다 자유로워진다. 더 크게 웃고 더 넓게 뛰어도 시끄럽지도 번잡하지도 않다. 미끄럼틀에도 나무에도 시소에도 그네에도 줄을 띄우고 줄 따라 뛰기 놀이도 하고 꽃봉오리마냥 둘러서서 피구도 한다. 울타리가 없는 몸 테마냥 선생님 마음에도 아이들에 대한 잣대가 사라진다.

낙엽 놀이

　일곱 살 나무 반, 그리고 오후에는 여섯 살 아이들과 낙엽 놀이 한 판 했다. 낙엽 위에서 '무궁화 꽃이~' 놀이도 하고 낙엽 산에 친구 묻어 주기 놀이도 하고 낙엽 속에서 보물찾기도 했다. 신나게 놀고 나니 이제는 가을을 보내 줘도 되겠구나 싶었다. 행복한 가을이 이렇게 지나가나 보다.

넘나드는 몸 놀이

영역에 대한 틀을 확대하니 몸 놀이 간에도 넘나드는 것이 자유로워졌다. 인라인 스케이트 수업을 마치고 나서 인라인 스케이트를 타며 배웠던 것을 수영 수업에서 다시 활용하고 수영 수업에서 배웠던 것을 2학기에 있는 자전거 수업에서 다시 활용하는, 같은 수업 간 서로 다른 시간대에서도 활용이 어렵지 않게 이루어졌다. 그리고 다섯 살, 여섯 살, 일곱 살이 서로 같은 수업 안에서 역할을 나누고 또 잇고 해서 하나의 큰 무엇을 만들기도 했다. 담임선생님과의 수업과 자연스런 연동도 일어났다.

[몸 놀이 교사 일기 ⑤] **나무집 만들기(다섯 살, 여섯 살, 일곱 살이 함께 하는 몸 놀이)**

오늘은 여섯 살 아이들과 나무 계단과 집 울타리를 만들었다. 높은 아이들을 보담아 주고 토닥여 주는 역할을 하지만 더위에 목마른 높은 선녀벌레라는 매우 귀찮은 벌레로 인해 시름시름 앓고 있었다. 가만히 있으면 그나마 지나가는 바람이라도 살짝 맛볼 수 있으련만 시종일관 바삐 움직여대서 등줄기에 땀이 마르지 않는다. 이런 날씨에도 밥 먹다가 꾸벅꾸벅 졸고 이내 잠에 곯아떨어진 녀석이 있다. 다행히 돌아가는 길에 시원한 비가 내리기 시작한다. 아이들도 너무 더웠는지 비를 피하기는커녕 시원함을 즐기고 있다. 목이 말라 먼지만 폴

폴 날리는 대지에 시원한 생명수가 되어 주기를……

내일부터는 다섯 살 아이들과 지붕을 엮는다. 아기스포츠단 모든 아이들의 손길이 담긴 나무 위의 집. 내일은 멋진 간판과 안내판도 하나 들고 가야겠다.

1) 학의천 뗏목 만들어 띄우기

뗏목 만들어 띄우기는 아이들과 페트병을 모아 페트병에 소원 쪽지를 담고 그 페트병으로 만든 뗏목을 타며 학의천을 건강하게 지켜가기 위한 다섯 살, 여섯 살, 일곱 살이 함께 했던 몸 놀이 활동이다.

마을의 하천을 살리고 지켜가기 위한 활동은 아기스포츠단만의 활동이 아니라 YMCA 전체의 활동이다. 하천 살리기 활동에 아기스포츠단 아이들이 나섰다. 각 가정에서 아이들 편으로 매일 페트병을 보내왔다. 가정에서는 페트병을 모으며 학의천에 대한 관심을 계속 이어갔고 아이들은 페트병을 들고 아기스포츠단에 옴으로써 그 의미를 배워 나갔다. 한 달가량 진행한 페트병 모으기에 이어 아이들이 학의천을 지켜가기 위한 소원을 그리거나 만들어 페트병에 넣었다. 그리고 그 페트병으로 학의천에 띄울 뗏목을 만들었다. 뗏목이 학의천에 뜨고 아기스포츠단 아이들뿐만 아니라 학의천을 찾은 많은 이들도 뗏목을 함께 타며 우리의 하천을 건강하게 지켜가겠다는 다짐을 새겼다.

교육은 학교 안에서만 이루어져서는 안 된다고 생각한다. 진정 살아 있는 교육은 몸으로 직접 느끼고 함께 실천하는 가운데 이루어지는 것임을 확신한다.

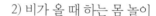

2) 비가 올 때 하는 몸 놀이

거미와 쇠똥구리 : 날씨 얄궂네. 몸 놀이 끝나니 해가 짠? 비가 와서 긴 나들이도 못 가고 다섯 살 물놀이도 못 가고 몸 놀이실에서 몸 놀이 할 생각하니 신나지 않다. 그래서 몸 놀이

실에 거미줄을 만들기 시작했다. 아이들은 공 굴리는 쇠똥구리, 나는 거미줄을 만드는 거미. 서로 사이좋게 지내려면 거미들이 거미줄을 끊 지만 않으면 되는 거야~. 계속 비가 오면 몸 놀 이실이 거미줄 천지가 될지도 모르겠다.

우산 과자 먹어 본 적 있나요? : 비가 막 온다. 아이들은 밖으로 나가지 못하고 아이들 기운도 밖으로 나가지 못해 기운과 기운들이 부딪혀 쿵 쾅 천둥치듯 소리를 낸다. 이런 날은 시끄럽다고 큰 소리 내면 안 된다. 제 기운에 제가 넘어간다. 그래서 우산 과자 먹기 놀이를 했다. 운동회도 있고, 달리기 도 하고 싶고, 아이들과 신나게 놀고도 싶고, 비도 온 다. '그렇다면 우산 과자 먹기지'라는 생각에 훌라후 프 징검다리를 건너 빙글빙글 도는 우산에서 과자 따먹기를 한다. 시끄러운 아이들, 서로 다투는 아이 들을 진정시키는 것보다 두 번 먹고 싶어 하는 아이

들을 진정시키는 게 백배는 쉽다.

3) 몸만 있으면 되는 몸 놀이

장애물 달리기 : 아이들은 달리고 싶어 한다. 작은 심장이 펌프질을 해대면 옆은 볼 새도 없이 달음박질을 한다. 달리기에 재미를 더하기 위해서 장애물이 등장한다. 장애물은 방해물이지만 여기서는 촉진제가 된다. 그러므로 장애물이라기보다는 촉진물이 된다. 스스로 모양을 만드는. 그 사이로 재미와 웃음이 빠져나간다.

남자아이와 여자아이

고민 중이다! 나는 해마다 다른 몸 놀이 수업을 한다. 해마다 만나는 아이들이 다르기 때문이다. 궁극적으로 몸 놀이에 담고자 하는 것은 같지만 수업 형태는 아이들 모양새에 따라 충분히 유동적이어야 한다고 생각한다.

남자아이들과 여자아이들에 대한 고민은 늘 있었다. 남녀 성비가 어떠냐에 따라, 그리고 그 아이들의 특성이 어떠냐에 따라 수업의 모양은 조금씩 달랐지만 지금 하는 고민은 좀 더 근본적인 고민이다. 남자아이들과 여자아이들은 많이 다르다. 연습과 숙달을 떠나 동그랗게 앉거나 줄을 서는 것에 있어 여자아이들은 남자아이들보다 질서정연하다. 남자아이들은 보다 단순하고 충동적이며 동적이다.

남자아이들이 충분히 발산을 하고 있다고 느끼지는 않는다. 유아 과정은, 유치원이고 아기스포츠단이고 간에 교육 방식이나 흐름은 여성성에 많이 의존하고 있는 모습이다. 그러므로 에너지가 넘치는 남자아이들에게는 충분히 발산할 수 있는 공간과 시간이 부족하다. 그나마 아기스포츠단은 야외 활동이 많고 동적 활동이 많지만 일주일에 두 번 하는 몸 놀이 수업에서 보이는 아이들의 모습에서는 더 많은 발산을 필요로 함을 느낀다. 움직이는 시간이 월등히 많은 몸 놀이 시간인데도 말이다.

나도 어쩔 수 없는 선생님이라 말 안 듣고 이리저리 나대는 아이들보다는 말 잘 듣고 함께 잘 어울리는 아이들이 편하다. 하지만 교사란 내가 편하고자 하는 것이 아니라 남자아이건 여자아이건 모두가 자유롭고 충분히 발산하는 가운데 편안하고 행복하도록 돕는 존재이지 않은가! 남자아이들은 몸으로 말할 때가 많아 툭 밀치는 정도는 아무렇지도 않게 생각하기도 하지만, 여자아이들은 살짝만 부딪혀도 기겁을 하기도 한다. 그리고 대부분 양육을 담당하는 사람이 아빠가 아니라 엄마이기 때문에 이러한 것은 더욱 제지당하기 쉽다. 초등학교에 들어가면 이러한 부분이 더욱 억눌릴 수밖에 없는 환경이 된다.

남자아이들의 선택은 두 가지다. 잘 억누르며 순응하는 길을 택하든가, 아니면 발산할 수 있는 자유로운 곳을 계속 찾든가. 그래서 초등학교에 들어가면 너도나도 태권도장을 보내는 것인지도 모르겠다.

그래서 올해 새로운 시도를 한번 고민해 본다. 몸 놀이 수업 시작은 남자아이, 여자아이 같이 하되 여자아이들은 10분 일찍 끝내고 남자아이들은 나머지 10분 동안 충분히 발산할 수 있는 활동을 하고 끝내는 것이다. 남자아이 중에는 정적인 아이들도 있으므로 이 시간을 달가워하지 않을 수 있다. 여자아이 중에서도 움직임이 강한 활동을 함께 하고 싶어 하는 아이들이 또한 있을 수 있다. 그러므로 이러한 시도에 꼭 남녀 성비로 나누지는 않아야 할 것이다. 그리고 이 시간에는 어느 정도의 몸 부딪힘은 허용이 되어야 할 것이고 함께 하는 아이들과 나눔을 통해 이 시간을 계속 가져갈 수 있는 방법을 만들어 보고 싶다.

체육 수업에서 몸 놀이 수업으로 전환하게 되었던 과정처럼 대다수의 아이들이 아닌 서로 다른 하나하나의 아이들을 모두 담을 수 있는 품이 넓은 몸 수업에 대한 고민과 시도는 계속되어야 할 것이다.

앞으로의 몸 놀이

몸 놀이에도 평화라는 말을 쓰게 될 줄은 몰랐다. 철봉, 뜀틀, 평균대 등 몸 놀이의 기능을 가르쳐주며 시작한 몸 놀이가 아이들 개개인의 특성을 살려주는 몸 놀이로, 흥과 재미를 덧붙여 아이들의 욕구가 절로 터져 나오는 몸 놀이로, 그리고 이제는 평화 또는 치유의 몸 놀이로 바뀌어 가고 있다.

몸 놀이에 담는 큰 생각이 바뀌는 모양을 보면 가정과 아이들에게 어떤 변화들이 생겨나고 있는지 알 수 있다. 결코 행복한 변화라고 볼 수 없다.

1. 기능을 배우고 익히는 체육

2. 개개인의 특성을 살리는 체육

3. 흥과 재미로 욕구를 분출하는 몸 놀이

4. 몸과 마음을 안아 주고 달래는 평화, 치유 몸 놀이

화가 내 안에 있듯이 평화도 내 안에 있다. 내가 아닌 다른 사람을 이해한다는 것은 쉽지 않은 일, 하물며 다른 사람을 내 뜻대로 하려고자 하는 건 더욱 어려운 일이다. 평화는 나로부터 시작되고 나를 다스림으로 이해의 폭도 넓혀 갈 수 있다. 아이들과 함께 평화를 발견하고 지켜가는 것은 그렇게 어려운 일은 아니지만 가정의 도움 없이는 결코 지속할 수 없는 일이기도 하다.

아이들과 마음을 튼튼하게 하는 마음 놀이로 명상을 하고 있다. 기분 좋은 생각으로 시작하는 명상은 아이들을 행복하고 편안하게 해준다. 명상이 잘 되면 명상 시의 기분과 느낌을 잘 기억해 두었다가 그 기분과 느낌에 이름을 달아 준다. 그러면 나중에 이러한 기분과 느낌이 필요할 때 그 이름을 부르면 평화적 기운을 스스로 느낄 수 있게 된다.

평화라는 말과 그 느낌은 앞으로 아이들과 함께 나누고 꼭 전하고 싶은 것이 될 것이다.

마음을 튼튼하게 하는 명상 놀이

명상이 쉬운 것은 아니지만 너무 어렵게 생각하는 사람들이 참 많다. 명상을 어렵게 느끼는 사람들은 대부분 명상을 충분히 해 보지 않았기 때문에, 또는 명상을 잘 모르기 때문이 아닐까 짐작해 본다. 그러니 아이들과 명상 수업을 하기는 더더욱 어려울 수밖에 없을 것이다.

매일 명상을 하는 명상가나 진리를 깨닫기 위해 명상을 하는 구도자는 아니지만 아이들과 명상하기를 어려워하지 않고 나름 다양하고 즐겁게 명상을 하고 있기에 여기에 몇 가지 예시를 적어 보고자 한다.

명상은 쉽게 말해 내 안의 나를 만나는 일이다. 어렵게 생각하면 무한정 어렵지만 쉽게 생각하면 또 쉽게 만날 수 있는 것이 내 자신이 아닐까 싶다.

아이들은 내 몸을 내 자신이라 생각하고 내 몸속 가운데 있는 것이 내 마음이라 생각하고 그 마음이 내 안의 나라고도 생각한다. 심장이 하트 모양이라고 생각하기도 한다.(요즘 아이들은 책을 참 많이 읽어서 심장을 염통이라고 부르기도 하고 심장 모양을 정확히 그리기도 하지만……)

그래서 나는 아이들에게 몸 놀이는 몸을 튼튼하게 하는 놀이라고 하고 명상은 마음을 튼튼하게 하는 놀이라고 말한다. 몸 놀이는 시끄럽게 소리를 지르기도 하고 뛰어다니기도 하

고 땀을 흘리기도 하지만 명상(마음 놀이)은 이러한 몸을 가만히 쉬어야 할 수 있는 놀이라고 말한다. '눈에 보이는 몸과 눈에 보이지 않는 마음이 모두 튼튼해야 내 몸의 겉과 속이 모두 건강해지고 튼튼해지는 것이다'라는 말도 함께……

불과 몇 년 전까지만 하더라도 아이들과 명상을 할 때는 반드시 가부좌 자세로 허리를 곧추세워 앉도록 했고 눈을 절대 뜨지 못하게 했으며, 조금이라도 소리를 내거나 떠들면 안 된다고 엄하게 얘기했었다. 물론 이렇게 하는 것이 나쁜 것은 아니지만 정작 아이들 안에서는 과연 명상이 진행되고 있을까? 혹시 선생님이 하라고 하니까 억지로 참고 있는 것이 아닌가? 이런 생각을 하지 않을 수 없었다.

명상을 하는 시간도 지금은 몸 놀이의 마지막 순서에 하지만 예전에는 몸 놀이를 시작할 때 했었다. 몸 놀이 시작 시간에 명상을 하면 아무래도 아이들이 몸을 움직이기 전이라 소란스럽지 않기 때문에 시작하게 된 것이라 생각된다. 이는 몸과 마음을 따로 분리해서 생각하는 사고에서 비롯되었을 거라고 나름 추측해 본다.

실제로 운동회 날 아침, 행사 시작 전에 쓸 음악을 고르다가 우연히 명상 음악을 튼 적이 있었다. 늘 그 음악으로 명상하는 게 익숙한 아이들이 뛰어다니다 말고 앉아서 명상하는 자세를 취했다. 이를 보면서 내심 그동안 수업 시간에 아이들과 명상을 했다기보다는 음악에 맞추어 명상하는 자세를 율동체조하듯이 계속 연습한 것과 무엇이 다른가 싶었다.

그리고 개인적으로는 교사 개인의 건강 악화로 몸 돌보기와 함께

시작한 마음 수련과 명상이 아
이들과의 명상 수업을 다시 생
각하게 하는 계기가 되기도 했
었다.

하루 몸 놀이 수업을 마치며
몸과 마음을 편안하게 할 수 있
는 명상을 한다. 명상을 하기 전에 친구와 짝이 되어 서로 몸을 만져
주고 주물러 주는 시간을 가진다. 친구 몸을 부드럽게 만져 주고 안마
해 주면서 몸 놀이를 하느라 흥분된 몸을 천천히 가라앉힌다.

[몸 놀이 교사 일기 ⑥] 친구 몸을 소중히

마음에 안 들면 꼬집고 화가 난다고 밀고 때리고. 그런다고 화가 풀리던?
친구 몸을 부드럽게 만져 봐. 부드러운 느낌에 내 마음도 부드러워져.
깃털 같은 느낌은 깃털 같은 마음을 준단다. 절로 사랑이 생긴단다.

요가 동작 중 척추를 바로 세워 주고 몸의 균형을 잡아 주는 요가
동작 몇 가지를 한 이후에 등을 대고 누워서 팔다리를 편하게 내려놓
고 구령에 맞춰 천천히 숨쉬기를 몇 번 한다. 이런 자세로 머리에서부
터 발끝까지 오늘 열심히 몸 놀이를 한 내 몸 구석구석을 떠올리며 수
고했다라고 마음속으로 말한다. 이러한 과정은 어린이 혼자서 하기
어려우므로 선생님이 천천히 몸 부위를 말하면 그곳을 생각하며 마음

속으로 말하라고 하면 된다.

　이렇게 몸 놀이 이후에 하는 명상이 편안해지고 자연스러워지면 다음에는 보다 다양한 형태의 명상을 해 본다. 특히 오늘 한 몸 놀이를 다시 한 번 떠올려 보거나 오늘 한 몸 놀이 도구를 가지고 하는 명상이면 아이들에게 더욱 더 친숙하게 다가갈 수 있다.

　친구와 둘이서 하는 명상 : 희한하게도 자꾸 하다 보면 마음대로 눕는데도 두 녀석이 눕는 모습이 서로 닮는다. 이 녀석들 뿐만 아니라 '큰 대(大)' 자로 누운 녀석들도 엎드린 녀석들도 서로 닮은꼴이 된다.

　그래서 친구는 거울 같은 존재라고 했던가? 앞으로는 거울 명상이라 해야 하나? 두 녀석 사이로 예쁜 하트가 보인다. 두 몸이 만들어 낸 자연스런 사랑.

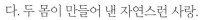

　친구 연결 명상 : 모든 친구들이 손을 잡고 누워 친구들의 행복한 기운을 함께 느끼는 명상. 다섯 살이지만 잘 따라와 준다.

　친구 보기 명상 : 친구와 손을 맞잡고 친구의 얼굴을 바라보는 명상이다. 손과 손을 연결하여 마음에 다리

를 놓고 거울을 바라보듯 친구 얼굴을 내 얼굴처럼 바라보는 시간. 이마, 눈썹, 눈, 코, 입……. 바라보다 보면 어느덧 조금씩 통하는 우리가 되지 않을까?

나무 명상 : 나무의 마음을 느껴보는 명상이다. 아이들이 서로서로 몸을 연결하여 나무 몸을 만들었다. 커다란 줄기도 있고 가지도 있다. 모두의 마음이 하나로 연결될 때 나무의 마음이 느껴질지도 모른다.

그림자 손 명상 : 그림자 손으로 가만히 아이를 쓰다듬어 본다. 늘 가슴으로 아이를 안지만 때때로 가슴으로 안기에 시간이 필요한 아이들도 있다. 느낌이 좋다. 아이들도 다독이는 선생님 손길을 분명히 느끼고 있을 것이다.

리본 명상(수업 도구로 하는 명상) : 리본놀이 후 리본으로 집을 만들고 리본 집 속에서 편하게 쉬는 아이들.

명상은 몸을 쉬고 마음을 편안히 하면서 지금 이 순간의 나를 느끼는 시간이다. 그러므로 몸 놀이 이후 아이들이 몸 놀이를 한 자신의 몸을 느끼고 몸 놀이를 재미있게 만들어 준 몸 놀이 도구를 느끼는 것은 그렇게 어려운 일이 아니다. 그러므로 아이들과의 명상 수업을 어렵게만 생각하지 말고 충분히 재미있게 놀았다면 그 놀이를 느낄 수 있는 걸 다양하게 생각해 봤으면 한다.

마지막으로 명상이나 몸 놀이나 무엇을 하느냐가 아니라 어떻게 하느냐를 고민하는 시간들이 많으면 많을수록 교사 스스로도 몸 놀이 자체를 비로소 즐길 수 있다는 것을 배우게 되었음을 말해 주고 싶다.

몸 놀이 선생님이 되기까지

나는 외국에서 태권도를 가르치는 태권도 사범이 되고 싶었다. 고등학교 2학년까지 태권도를 쉬지 않고 했다. 정말 열심히 했다. 태권도 시합에 나갈 때면 체중 감량을 위해 국물이 있는 것은 먹지 않았고, 매일 한 컵씩 침을 뱉어 냈다. 발차기 연습을 한 날은 여지없이 무릎에서 발까지 까맣게 피가 쏠려 한참을 누워 있어야 했다. 하지만 태권도 사범에 대한 꿈은 고등학교 3학년 때 찾아온 대학교 선배들의 모습에 의해 한참 뒤로 유보되었다.

먼 목표가 바뀐 것은 아니었지만 당장 눈앞에 놓인 목표가 수정되었다. 태권도학과에서 체육교육과로 바뀐 것이다. 목표가 바뀌면 계획도 바뀌고 생활 패턴도 바뀐다. 나는 국, 영, 수 중 수학은 포기했었다. 하지만 목표로 하는 대학의 체육교육과를 가기 위해서는 수학도 포기해서는 안 되었다. 수학을 다시 잡기 위해 우리 학년에서 수학을 제일 잘하는 친구에게 매일 점심시간마다 수학을 배웠다. 이때의 각오가 얼마나 억척스러웠는지 아직도 나는 고교 3학년 시절로 돌아가 수학 공부를 하는 꿈을 꾼다.

나 스스로 공부하는 것에 대한 의심도 들었다. 그래서 억지로라도 나를 공부시키기 위해 담임선생님에게 부탁해서 자습실에 넣어 달라고 했다. 당시 자습실은 성적이 상위권에 있는 아이들만 들어갈 수 있었다. 담임선생님에게 자습실에서 공부하게 해 주면 몇 달 안에 상위권으로 진입하겠노라 장담했다. 공부하겠다는 아이를 학교에서 말리지는 않는다. 나는 당당히 자습실에 들어갔고 담임선생님과의 약속을 지켰다. 문제는 실기 연습을 위한 운동을 하는 것이었다. 당시에는 대학 선배들이 와서 운동을 가르쳤는데 운동 강습비로 한 달에 팔만 원씩 내야 했다. 하지만 돈 낼 형편이 못 되었다. 선배가 말했다. 네가 다른 아이들보다 더 열심히 한다고 약속하면 강습비를 받지 않겠다고. 나는 약속했다. 그리고 그 약속을 지키기 위해 내가 할 수 있는 이상으로 열심히 살았다. 친구들 집을 전전하며 저녁밥을 얻어먹고, 실기 연습하는 아이들을 격려하기 위해 찾아오신 부모님들이 간간이 사 주는 저녁도 누구보다 맛있게 먹었다. 그 엄마들 사이에 우리 엄마가 없다는 것을 잊기 위해서였다. 그리고 나는 또다시 약속을 지켰다. 고려대학교 사범대 체육교육과에 당당히 입학했다. 그러고는 유보시켰던 꿈을 잃어버렸다. 대학을 꿈 없이 다녔다. 그냥 대학생인 것이 좋았다.

군대를 갔다 와서야 꿈을 다시 생각했다. 더 이상 태권도 사범이 꿈이 아니었다. 중학교 체육 선생님이 되고 싶었다. 하지만 이 꿈은 그전에 꾸었던 꿈만큼 간절하지도 명확하지도 않았다. 사범대 체육교육과를 나오면 누구나 꾸는 꿈 중 하나였고, 그래서 덩달아 그것을 꿈으로 가졌다. 아니 꿈이라기보다는 마땅한 직업이라고 생각했었던 것 같다.

4학년을 마치며 본 체육 교사 임용고시에 보기 좋게 떨어졌다. 붙으리라는 기대를 가지지도 않았다. 내가 얼마나 준비했는지는 누구보다 내가 더 잘 알았기 때문이다. 두말할 것도 없이 임용고시를 위한 재수를 생각하게 되었고, 재수 기간 동안 생활비를 벌기 위해 아르바이트를 구해야 했다. 동네 벼룩시장을 뒤적이다 구인란에서 발견한 것이 바로 '광명 YMCA 아기스포츠단 체육 교사 모집'이었다. 이때는 몰랐다. 이것이 YMCA 아기스포츠단과의 기나긴 인연의 끈이 될 줄은……

1997년 2월, 나는 광명 YMCA 아기스포츠단 체육 교사가 되었다. 더불어 7세반 담임이 되었다. 그 당시 우리 반 아이들은 모두 서른아홉 명이었다. 지금은 한 반 인원으로는 상상도 할 수 없는 숫자지만 그 당시에는 한 반 인원으로는 조금 많은 정도였다고나 할까. 나는 아이들을 좋아했지만 유아 교사가 될 생각은 추호도 없었다. 유아들을 만나기 위한 준비도 전혀 없었다. 단지 체육교육과를 나왔다는 이유로 체육 교사를 할 수 있었고 그때부터 배워가며 했다. 뿐만 아니라 아기스포츠단 체육 교사는 체육만 가르치는 것이 아니었다. 아이들을 등원시키고 하원시키기 위해 차도 타야 했고, 방과 후 수업도 해야 했고, 남자 선생님이라는 이유로 아버지 모임도 해야 했다. 나는 1년 동안만 한다는 생각으로 군말 없이 했다.

당시 아기스포츠단은 그랬다. 일곱 살이 두 반, 여섯 살이 두 반, 다섯 반이 두 반 이렇게 6반이 있었다. 여섯 반 합쳐 전체 인원은 180여 명. 어림잡아도 한 반에 30명 이상이라는 것을 알 수 있다. 그런데 교실은 총 4개, 영지실 2개와 체육실 2개였다. 여섯 살과 일곱 살은 오전반, 다섯 살은 오후반이었다.

처음 접한 유아를 대상으로 한 체육은 생소하기 그지없었다. 먼저 아이들이 앉는 자리마다 번호가 적혀 있는 동그란 색깔 테이프가 붙어 있었다. 이것을 자기 자리점이라고 했다. 자기 자리는 선생님이 설 자리를 중심으로 최대한 벽에 밀착해서 네모 모양으로 분포되어 있었다. 그리고 체조를 위한 자리도 있었는데, 체조 자리는 자기 자리에서 두어 발 옮기면 되었고 다른 색깔 테이프가 붙어 있었다. 최대한 아이들이 넓게 앉거나 넓게 서도록 해 놓았다. 뿐만 아니라 옆, 뒤 친구와 서로 손을 뻗어야 겨우 닿을 수 있는 거리여서 아이들이 모여 잡담을 하거나 장난을 하는 것을 일정 정도 막아 주는 역할도 했다. 체육실은 유치원 교실(영지실)의 1.5배에서 2배 정도 되는 크기였고 영지실 바로 옆에 붙어 있었다. 우리 반은 체육 선생님 반이므로 가방장이 체육실에 있었다. 나와 같은 일곱 살 연령을 맡은 유치원 선생님(영지 선생님)은 나름 유치원 경력이 많은 유아 교육 전공 선생님이었다. 일곱 살은 오전반이라 오전에만 수업이 이루어졌는데 체육 수업과 영지 수업을 서로 바꿔가며 1시간씩 이루어졌다.

유아를 대상으로 한 체육 수업은 수업 시작 전 하는 명상(반가부좌 자세로 자기 자리에 앉아 허리를 곧게 펴고 눈을 감는 동작)으로 시작하였다. 배경 음악은 명상 음악 카세트테이프(그 당시에는 카세트테이프였다)를 구입해서 사용했는데 1분 이상 3분 이내의 음악으로 선정했다. 이는 아이들의 집중 시간을 고려한 선택이었다. 명상이 끝나면 자기 자리에서 일어서는데, 일어설 때나 자기 자리에서 체조 자리로 이동할 때는 모든 아이들이 "와이!"라고 크게 외쳤다. 체조 자리에 온 아이들은 음악에 맞춰 선생님을 보고 율동체조를 따라 했다. 아기자기하고 앙증맞은 동작, 때로는 리드미컬하고 귀엽고 예쁜 동작들로 구성된 체조였다. 여기서 나는 일단 숨고르기를 해야 했다.

지금껏 태권도나 축구와 같은 과격하고 힘 있는 운동만 한 내가 이러한 체조를 소화하고 또 아이들 앞에서 보이기란 여간 어려운 일이 아니었다. 동작을 할 때마다 얼굴이 붉어지고 심지어 소름이 돋기도 했다. 계속 하다간 몸에 이상 증상이 생길 판이었다. 율동체조가 끝나고 나면 '신체적성'이라고 유아를 대상으로 한 체력 단련 운동을 했다. 유연성 운동, 근력 운동, 순발력 운동 등 운동 요소들을 향상시키기 위한 활동이었다. 그리고 바로 이어 진행하는 것이 신체 표현 활동이다. 신체 표현 활동은 말 그대로 무엇이든 신체로 표현하는 활동이었다. 그리고 기구 운동 또는 협동 놀이를 하고 수업을 마치는 순서였다.

하나씩 보고 배우고 익혀서 할 수밖에 없었다. 남자 선생님이라고는 나밖에 없어서 여자 선생님에게 보고 배웠다. 뿐만 아니라 여자들

하고 생활하는 게 집에서 여동생과 같이 지낸 것이 전부였던 나에게는 크나큰 어려움임을 6개월이 채 되기도 전에 몸이 느끼기 시작했다.

나로서는 결코 쉬운 도전이 아니었다.

아기스포츠단 교사를 하면서 임용고시 준비를 한다는 것은 턱도 없는 계획이었다. 집에 가면 뻗기 일쑤였다. 1년이라는 시간은 금방 지나갔다. 그래서 사립 중학교를 알아보기 시작했다. 아기스포츠단에 들어간 직후부터 3년 동안 세 번의 기회가 찾아왔다. 인천에 있는 사립 여중 체육 교사 자리가 났다. 학교 선배의 연줄이 있는 곳이었는데, 공교롭게도 그날이 체육 공개수업을 하는 날이었다. 체육 교사로서 도저히 빠질 수 없는 날이라 포기할 수밖에 없었다. 두 번째는 경기도 지역 체육 교사 모임 자리였는데 임시교사 몇 년만 하면 정교사로 발령을 내준다고 했다. 하지만 이 기회도 아기스포츠단 행사 때문에 물 건너가 버렸다. 마지막 기회는 초등학교 체육 선생님이 될 수 있는 기회였다. 시험만 보면 되는 기회였다(이때 시험을 봤던 모든 체육 교사 지원자들이 현재 초등학교 교사가 되었다). 학교 선배가 시험을 준비할 수 있는 문제지도 가져다 주었다. 한 번 읽기만 하고 갔어도 되는 기회였지만 이날은 내가 가르치던 초등 축구부 아이들의 축구대회가 있는 날이었다. 이렇게 세 번의 기회가 지나자 더 이상 사립학교 체육 선생님이 될 수 있는 기회가 생기지 않았다. 기회는 맞이하지 않으면 기회일 뿐이다.

임용고시나 사립 중학교에 갈 수 있는 기회와 상관없이 약속한 1년이 지나 아기스포츠단을 그만둘 생각을 할 찰나에 함께 일하던 선생님들이 영지 교사, 체육 교사 간의 갈등 문제로 모두 그만둬 버렸다. 1년만 하겠다고 들어온 나만 남겨 놓고 말이다. 나까지 그만둬 버린다면 아기스포츠단은 어찌 될지 뻔했다. 그렇다고 이제 겨우 1년 생활한 새내기 교사가 할 수 있는 일도 별로 없었다. 아기스포츠단 교사들을 새로 뽑았고 겨우 1년 남짓 생활한 새내기가 아기스포츠단의 책임을 맡게 되었다. 새로 꾸려 가자니 어렵고 힘든 일이 한두 가지가 아니었다. 그만두고 싶다는 생각을 골백번도 더했다. 하지만 잦은 고꾸라짐에도 YMCA 선생님들이 기다려 주고 함께할 수 있는 방법을 계속 모색해 주었다. 아마도 이러한 기다림이 없었다면 지금의 내가 있을 수 있었을까!

새로 쓰기 시작한 아기스포츠단 이야기를 통해 유아 체육에서 몸놀이로의 전환도 시작했다. 그렇다고 고통까지 상쇄된 것은 아니었다. 그중에 최고는 체육인으로서의 자존감에 관한 것이었다. 어렸을 때부터 운동을 해 왔고 대학까지 체육교육과를 나온 체육 전공자의 전공 부분을 아무리 유아를 대상으로 한 체육이라 하더라도 비전공자들이 문제 제기를 하며 이리저리 들쑤시는 것 같은 느낌은 굴욕적이다 못해 분노가 치밀었다. 당장이라도 뛰쳐나가고 싶은 마음이 굴뚝같았지만 자리를 박차고 나가면 왠지 인정하는 것 같아 버티고 또 버텼다. 그러면서 마지막까지 지키려고 했던 것은 바로 체육인으로서의 자존감이 아닌 자존심이었다. 지금에 와서야 하는 말이지만 자존감이 지나치게 높으면 자만이 되고, 낮으면 자존심만 지키려고 하게 되는 것 같다.

그러므로 자아 존중감은 너무 높아서도 낮아서도 안 되며 그것에 앞서 자존감을 갖게 하는 그 무엇(유아 체육)을 냉정하고 객관적으로 바라볼 수 있어야 한다. 쉽게 다시 말하자면 이렇다. 나는 체육을 전공한 전공자로 체육을 배우고 싶어 하는 대상에게 체육을 가르치러 왔다! 그 대상은 유아들이다. 유아들에게 체육을 가르치러 온 것이다. 내가 알고 있는 것을 말이다. 또는 다른 이들보다는 체육을 전공한 내가 더 잘 가르칠 수 있는 것을! 그런데 나보다 잘 모르는 누군가가 이것에 대해 감 내놔라 배 내놔라 한다. 여기에 자존심이 상한 것이다. 자존감이 아닌 자존심이! 자존감이 아닌 자존심이라고 하는 데는 이유가 있다.

　그 당시만 하더라도 아기스포츠단 체육은 선풍적인 인기였다. 그 어느 곳에서도 감히 하지 못하는 것을 아기스포츠단에서 하고 있었기 때문이다. 하지만 이러한 사회적 반응이 아기스포츠단에서 행하는 유아 체육이 우리나라 유아 체육 이론과 실제로 부합하고, 또한 올바르고 적합하다는 것을 증명하는 것은 결코 아니었다. 이에 대한 보다 구체적이고 전문적인 고민과 연구들이 계속 이어져 객관화되었을 때에야 비로소 유아 체육을 지도하는 체육인의 자존감을 세울 수 있는 바탕이 마련되는 것이 아닐까!

　왜 자존심이 구겨졌을까에서부터 출발했다. 무엇을 건드렸기 때문이지? 자존심은 자부심과는 대치되는 마음인데, 그렇다면 나는 체육 교사로서 자부심을 가지고 있었나? 내가 진정 유아를 대상으로 한 체육에 대해 잘 알고 있나? 그래서 알량한 자존심을 내세우는 것인가?

체육 교사가 아닌 다른 누군가가 유아를 대상으로 한 체육에 대해 물었을 때 나는 왜 그것을 질문이 아니라 지적이라고 받아들이게 된 것인가? 무엇이든 어정쩡하게 알면 여유가 없고, 여유가 없으면 누군가 나를 지적할 때 일단 방어부터 하려는 마음이 생긴다는 것을 알게 되었다.

'하나에서 열까지 아이들과 하는 모든 것에는 마땅한 이유와 의미가 있어야 한다. 그냥 하는 것은 없다. 중심은 아이들이지 선생님이 아니다!' 이것을 진심으로 깨닫는 데 참 많은 시간이 걸렸다. 그리고 변화의 시작은 내려놓음에 있다는 것도.

아이들을 만나며 나누는 대화에서부터 아이들과 함께 하는 모든 것의 의미를 내 입을 통해, 글을 통해, 그리고 다른 부서 선생님들과의 장기간에 걸친 워크숍을 통해 정리하고 수정하고 실천하고 보완하고 다시 정리하며 이어 나갔다.

유아 체육에서 몸 놀이로의 전환은 한두 해에 걸쳐 이뤄진 것이 아니다. 십 년도 더 걸린 길고 긴 변화의 과정이었다. 모든 변화의 주체는 교사다. 결국 변화를 가능하게 하는 것은 변화를 받아들이는 교사에 달려 있다. 또한 교육 내용과 운영의 변화에 이어 교사도 함께 변해야 한다!

유아를 대상으로 한 체육에서 몸 놀이로의 전환 시도는 체육 공개수업을 고민하며 구체화하기 시작했다. 그 당시 아기스포츠단의 진면목을 학부모들에게 알리고 막대한 홍보 효과도 가져올 수 있는 것이 체육 공개수업과 운동회였다. 영지 참여 수업도 했지만 체육 수업만큼의 효과는 없었다.

체육 공개수업은 보통 1학기 때 진행했는데 그동안 체육 수업한 것 중에서 공개하기에 좋은 수업 내용을 골라 연습했다. 유치원에서 하는 재롱 잔치만큼은 아니지만 공개수업 내용대로 처음부터 끝까지 몇 번 해 보고 잘 되지 않으면 여러 차례 더 연습했다. 매스 게임과 기구 운동(매트, 뜀틀, 평균대, 철봉 등)은 유아들임에도 절도 있고 기운찼다. 물론 그렇게 하도록 연습해서지만.

매스 게임은 호루라기에 맞춰 움직이며 특정 모양을 만드는 것이었는데(익히 잘 아는 탑 쌓기 같은 것) 마지막 모양을 만들었을 때는 모든 아이들이 큰 소리로 "와이!"를 외쳤다. 부모들은 이럴 때 감동을 받거나 전율을 느끼곤 했다고 한다. 기구 운동은 한 명씩 나와 진행했는데 마치 올림픽에 나온 체조 선수들처럼 오른손을 높이 들고 자기 이름을 큰 소리로 한 글자씩 또박또박 외쳤다. 그러고는 뜀틀에서 앞구르기를 하거나 평균대를 걷다가 브이(V)자 만들기를 하거나 철봉에 매달려 뒤로 돌려 정지 자세를 만들곤 했다. 그리고 마지막 단계에서는 역시 큰 소리로 "와이!"를 외치고 들어갔다. 부모들은 이때 또 한 번 감동했다. 하긴 선생님 입장에서도 아이들의 그런 모습을 보면 가슴이 콩닥콩닥 뛰곤 했었다. 아이들은 자기가 나올 순서를 연습을 통해 알고 있었고 친구들이 할 때는 바른 자세로 앉아 잘 기다리도록 했다.

이러한 체육 공개수업이라는 행사를 몇 번 치르면서 고민이 생기기 시작했다. 똑같은 것을 똑같이 연습하더라도 모든 아이들이 모든 것을 다 잘할 수는 없다. 잘 안 되는 아이들은 다른 아이들보다 연습을 더 하기는 하지만 그래도 잘 되지 않는 경우가 있다. 이럴 때는 교사로서 난감했다. 그 아이 부모는 얼마나 속상해 할까? 부모 걱정을 하기도 했다. 이 순간에 가장 중요한 것은 잘하지 못하는 것을 자신 없게 보여 줄 수밖에 없는 아이의 마음인데도. 아이가 잘 못해도 학부모들과 친구들이 지켜보는 가운데 아무렇지도 않게 한다면 그나마 괜찮지만 대부분 이런 아이들은 잘 못하기 때문에 안 하려고 한다. 못하면서도 연습도 하지 않으려고 하는 아이를 하게 만들기 위해 선생님들은 여러 가지 시도를 했다. 선생님에게는 연습을 한 번이라도 더 하게 하려는 마음이 있어서 진정 아이의 마음을 안아 주고 이해해 주는 것에는 정성을 덜 들였을 수도 있다. 그래서 이런 것으로 아이와 씨름하기보다는 아이가 잘하는 것을 공개수업 때 하는 것은 어떨까 하는 생각을 해 보았다. 저마다 잘하는 것이 다르니 공개수업 때 보여줄 것도 제각각이겠지만, 공개수업을 준비하는 아이들의 마음가짐이 다를 것 같아 우리 반에서 시범적으로 해 보았다. 기구 운동의 종류가 너무 많으면 진행하기 어려울 게 뻔하므로 다섯 개 이내로 정리해서 아이들이 선택하도록 했다. 아이들에게 자기 선택권을 주니 연습하는 아이들 모습에도 변화가 보였다. 선생님이 하라고 하지 않아도 스스로 연습했다. 공개수업을 손꼽아 기다리기도 했다. 공개수업에서 아이들의 모습도 남달랐다. 일단 표정에서 부터 생기가 넘치고 자신감이 보였다. 첫 번째 변화는 성공적이었다. 하지만 다른 고민이 또 생겼다.

체육 공개수업을 하는 아이들의 모습에는 큰 변화가 생겼는데 그렇다면 체육 공개수업을 지켜보는 부모들의 모습에도 변화가 생겨야 하지 않을까! 그래서 시범적으로 시행한 것이 체육 공개 참여 수업이었다. 부모들은 앉아서 보기만 하던 것을 이제는 아이들과 같은 곳에서 함께 땀 흘리고 기구 운동도 함께 했다. 더 이상 누구에게 잘 보이기 위해 불안해 하거나 긴장할 필요 없이 같이 웃고 같이 즐기는 참여 수업을 하게 된 것이다. 부모들의 웃음소리도 들렸고 아이들의 웃음소리도 더 커졌다. 공개수업을 진행하는 선생님의 마음에도 뿌듯함이 물밀듯이 밀려왔다.

이러한 과정은 유아를 대상으로 한 체육 수업에도 큰 영향을 미쳤다. 아이들이 기구 운동을 할 때 꼭 이름을 말할 필요도 없어졌고 '와이!'를 외칠 필요도 없어졌다. 한 사람씩 나와서 하던 기구 운동을 두세 명 또는 여러 명이 한 번에 할 수 있는 기구 운동으로 바꿔 나갔다. 그러자 아이들이 한 번 하고 친구들이 다 할 때까지 기다려야 하는 기다림도 사라졌다. 길어봤자 1시간 안팎인 체육 수업에서 기다리는 시간이 많으면 많을수록 몸을 움직이는 시간은 그만큼 줄어드는 것이다.

체육 수업에 새로운 기운이 생겨나기 시작했다. '이번에는 무엇을 들여다볼까?' 하니 신체 표현 영역이었다. 신체 표현을 처음 접했을 때 역시나 참 난감했다. 신체로 무엇을 표현해야 하지? 아무리 생각해도 1년을 꾸려갈 만큼의 그 무엇을 찾기는 정말 어려웠다. 곤충, 동물, 식물, 날씨, 직업, 역할 등 빤한 것을 하고 나면 뭘 해야 하나 싶었다. 그리고 그 표현 역시 참 단조롭고 정형화되어 있었다. 그러다가 우연히 접하게 된 것이 '마임'이었다. 학부모 교육으로 우연찮게 만나게 되었는데, 환희에 가득 찼던 그때의 그 느낌이 지금도 생생하게 떠오른다. 마임 수업을 받은 후 수업 시간에 하고 싶은 것이 많아졌다. 더 이상 무엇을 표현해야 하나를 고민할 필요가 없었다. 어떻게 표현할지가 더 재미있었고, 그러다 보니 아이들과 그것을 통한 놀이도 하게 되었다. 여기서 잠깐, 이 대목이 참 중요한 대목이다.

그동안에는 체육 수업 안에서도 영역이 나누어져 있었고 그 영역별로 활동 내용들을 정리했었다. 그렇다 보니 영역을 넘나드는 것은 상상도 할 수 없었는데 이러한 틀의 벽이 자연스럽게 무너져 내린 것이었다. 신체적성, 신체 표현, 공동체 놀이, 기구 운동 등 영역을 나누는 것 자체가 수업의 자연스런 흐름을 방해한다는 걸 깨닫게 된 것이다. 상황이 이렇게 되다 보니 체육교육 내용의 변화가 급물살을 타게 되었다. 일 년이 다르게 변화되어 갔고 그 변화의 과정에 여러 번 흥분이 되기도 했었다. 하지만 아무리 많은 변화가 생겼어도 이는 모두 체육실 안에서의 일이었고 체육실을 벗어난 체육은 여전히 꿈도 꾸지 못했던 시절이었다.

그러다 덜컥 아기스포츠단이 이사를 결정했다. 말이 덜컥이지 이것은 수년간 준비한 자연교육에 대한 갈망이 빚어낸 결과였다. 이 건물에서 저 건물로 건물과 건물을 오가던 시절에서 벗어나 풀과 나무와 돌과 흙과 온갖 곤충들이 살고 있는 땅 위에 우리 학교가 세워졌다. '아이들은 자연에서 흙 위에서 뛰어 놀아야 한다!'는 것을 드디어 실천에 옮기게 된 것이었다.

그런데 학교만 만들어지면 될 줄 알았던 생각이 짧은 생각이었다는 것을 1년도 채 되기 전에 깨닫게 되는 일들이 생기기 시작했다. 흙이 있고 풀이 있고 나무가 있는 곳에 학교가 있고, 그 학교에 아이들이 있다고 해서 모든 것이 절로 해결되는 것은 아니다. 선생님이 어떠하냐가 중요하다. 난 고향이 시골도 아니고 시골 생활을 해 본 것도 아니다. 그렇다고 농사짓는 것을 좋아하지도, 그 흔한 주말 텃밭도 가꿔 보지 않았다. 이런 선생님이 학교가 자연 속에 있고 아이들이 있다고 해서 금방 자연친화적인 선생님이 되는 것은 아니다. 학교에 도착해서 버스에서 내리자마자 사방으로 흩어지는 아이들을 모으느라 선생님들은 혼비백산이 되고, 모아 놓으면 흩어지고 모아 놓으면 흩어지는 통에 아침부터 진을 다 빼고 만다. 자연 속에 풍덩 빠져 있으면 무엇 하나, 수업 분위기 흐트러질까 무서워 바깥 한 번 나가지 못하는데……. 선생님 마음에 자연을 들여오기는 생각만큼 쉽지 않았다. 그냥 그냥 나가면 되지 않을까 싶지만 건물 내부 유치원에서만 생활하던 선생님에게 교실 밖 일상 수업은 정말 어렵고 어려운 수업이었다. 다른 선생님들도 이러할진대 몸 놀이 선생님이라고 다를까. 몸 놀이실 안에서도 들고 뛰는 아이들을 밖에서 어찌 만날까 생각하니 눈앞이 캄캄해졌다.

모름지기 그래서 경험이 중요한 것이다. 자연 속 학교가 만들어진 직후부터 3년 동안 우연찮게 학교에서 기숙을 하게 되었다. 아이들이 집에 가고 선생님들도 퇴근하고 나면 넓은 학교에 덩그러니 혼자 남았다. 밤이 되면 왜 이리 을씨년스러운지, 그리고 복도는 왜 이리 길고 화장실은 왜 이리 먼지. 그 뿐인가. 아무 소리도 들리지 않는 정적은 작은 소리 하나에도 화들짝 놀라게 만들고 심지어 침 넘어가는 소리도 나무 쓰러지는 소리 같았다. 지금 생각하면 그때가 가장 재미있고 신나는 시간이었던 것 같다.

내 안에 자연이 들어오기 시작했다. 학교에서 동물도 키우고 주말 텃밭은 오로지 내 차지가 되곤 했다. 그리고 서서히 교실 밖 몸 놀이에 대한 두려움이 호기심이 되기 시작했고, 그 호기심을 모아 몸 놀이 수업 내용으로 만들었다.

사실 자연만큼 좋은 교실이 어디에 있나. 드넓은 하늘이 천장이 되고 흙바닥이 풀밭이 발아래 놓여 땅의 기운을 전해 주는데.

볼 것이 많아 집중이 안 되는 것이 아니라 볼 것을 함께 보지 않아 집중이 안 되었던 것이고 교실에서 하는 것을 밖에서도 하려고 해서 재미가 없었던 것인데.

잘 못하면 어떤가. 자연 교실 1년차 선생님인데 하나하나 배워가는 시간인 것을…….

교실 밖 수업에 재미가 붙으면 교실 안 수업은 답답해진다. 교실 밖 수업을 하다 보면 뜀틀이고 철봉이고 매트고 평균대고 만들어진 수업 도구들을 만지고 싶지 않게 된다. 뛰고 넘어지고 앉고 엎드리고 눕고 뛰어넘고 뛰어내리고 구르고 매달리고 타고 넘고 타고 내리고 함께 엮이고 ……. 뭐가 더 필요한가!

교실 밖 수업은 교실 수업의 업그레이드가 아니라 전혀 다른 수업이다. 전혀 다른 내가 되고 있는 것이다. 그래서 체육이 아니라 몸 놀이가 되는 것이고, 그래서 몸이 하늘이 되는 것이다.

하늘을 보라! 그 아래 내가 있고 아이들이 있고 우리가 있고, 그리

고 우리가 하늘이 된다. 그래서 몸이 하늘이 된다! 내 안에 한 번 하늘
을 들여놓으면 교실 수업을 하더라도 그 속에 하늘이 있게 마련이다.
그래서 나는 이렇게 몸 놀이 선생님이 되었고 지금도 몸 놀이 선생님
으로 계속 살아가고 있다!

3

자연에 폭 빠져 감수성을 기른다

자연을 잃어버린 아이들

건물 속에 갇혀 버린 아이들

예전 우리 부모님 세대에는 놀이 문화가 있었다. 학교 마치면 가방을 마루에 던져두고 친구, 형, 동생들과 산과 들을 누비며 놀았다. 자연에서 만나는 모든 것이 놀잇감이요 친구였다. 지금처럼 왕따 문화는 찾아볼 수 없었다. 어리면 어떻고 못하는 찌질이라도 상관이 없었다. 못하면 깍두기(무조건 봐주는 아이)를 시켜 주면 되었으니 말이다. 그렇게 모두가 '함께' 머리를 맞대고 놀이를 만들며 놀았다. 곤충도 잡고, 진달래도 따먹으며 말이다.

도시에서도 마찬가지였다. 아이들은 이 골목 저 골목을 누비며 놀았다. 노래에서나 들었을 법한 딱지치기, 구슬 따먹기, 말뚝 박기, 술래잡기 등 동구 밖 놀이들을 하며 하루 온종일 지냈다. 그렇게 놀다보면 해가 지는 줄도, 배가 고픈 줄도 모르고 놀았다. 엄마가 "밥 먹으러

들어와라" 고래고래 소리를 지르면 그때서야 아쉬워 집으로 들어가던 그 시절. 그렇게 온종일 놀았음에도 내일 다시 놀기를 친구들과 약속하며 가지고 놀던 비석치기 돌을 우리들만이 아는 비밀 공간에 숨겨 놓고 집으로 돌아가곤 했다. 그렇게 온 동네가, 산과 들 모두가 아이들의 놀이터였고 삶터였다.

하지만 요즘은 다르다. 아이들은 놀 수 있는 공간도 친구도 형제도 턱없이 부족하다. 풍족한 것은 인스턴트식품과 장난감뿐, 그나마 있는 아파트 놀이터에도 노는 아이들을 발견하기란 쉬운 일이 아니다. 주인을 하염없이 기다리고만 있는 텅 빈 놀이터일 뿐이다. 아이들은 학교 마치면 통제된 자동차를 타고 학원들을 전전하며 저녁이나 되어서야 집으로 돌아간다.

물론 아이를 놀게 해 주고 싶은 마음은 있지만 밖으로 내보내는 것조차 힘들다. 자동차가 없는 곳이 없고, 여기저기에서 터지는 안전사고들과 치안도 불안하기 그지없다. 부모 없이 어린아이가 길을 안전하게 다니는 것이 매우 힘든 시대가 되어 버렸다. 아이들의 놀이 문화는 점점 줄어들었고 사라져 갔다.

우리나라 취학 전의 아이들은 약 370만 명 정도, 그중 70~80%가 도시에 살고 있다. 그러나 우리는 거리 곳곳 혹은 동네 놀이터에서 아이들을 발견하기 어렵다. 거리는 재빠른 몸짓의 어른들의 차지라 하더라도 아이들을 위해 만들어 놓은 놀이터에도 아이들이 없다. 그 370만 명의 아이들은 어디로 갔을까? 우리 아이들은 요즘 실내에서 지낸다.

- 《장난감을 버려라 아이 인생이 달라진다》 중에서

그러니 요즘 아이들은 건물 안에서 지낼 수밖에 없다. 넘쳐나는 장난감과 교재, 교구들 그리고 전자매체와 함께 말이다. 아이들은 예전에 비해 행복한 삶을 살고 있는 것일까?

함께 노는 방법을 모르는 아이들

친구도 형제도 가족도 부족한 아이들은 혼자 놀기의 달인이 되어 간다. 일 때문에 바쁜 부모들은 언제나 아이에게 미안한 마음만 가득할 뿐 아이와 놀아 줄 시간은 부족하다. 놀아 주려고 해도 방법을 잘 모르기도 하거니와 서툴다. 예전에는 대가족을 이루고 살았기에 할머니의 지혜를 배울 수 있었고 고모 삼촌의 보살핌을 받으며 형제자매와 놀이가 가능했지만, 지금 부모들은 책으로 배울 뿐이다.

맞벌이를 하고 있기에 아이가 집에 일찍 오면 돌봐 줄 사람도 없다. 여러 학원으로 돌린다고 말하는 학부모님들도 계시다. 한 학부모는 아이가 집으로 돌아오는 시간이 8시라고 한다. 이곳저곳에서 간식으로 허기진 배를 채우다 8시가 되어 돌아오면 그제서야 저녁밥을 먹는다고 한다. 혹은 아이가 먼저 집으로 와 혼자 놀며 부모가 퇴근을 하길 혼자, 혹은 형제자매와 기다리는 경우도 많다.

지금의 아이들은 그 시간을 어떻게 지낼까? 실물과 흡사한 장난감을 가지고 놀고, 사람과 놀기보다 TV나 컴퓨터 게임을 한다. 손에는 스마트폰을 쥐고서 말이다. 형제자매도 부족한 아이들, 친구도 어린이집

자연에는 놀잇감이 무궁무진하다.

이나 유치원에 가야 만날 수 있는 아이들은 외롭기만 하다.

이제는 놀 때도 돈을 주고 노는 세상이다. 아이들은 이렇게 자연에서 노는 법을 알 수도 없었을 뿐더러 삶에서 자연을 잃어버렸다. 협동하는 놀이를 잃어버렸고, 사람과 대화하고 사귀는 법을 잊어버렸다.

아이들과 지내다 보면 친구와 어울리지 못하고 늘 혼자 노는 아이들이 있다. 그 아이들을 자세히 관찰해 보면 혼자 놀고 싶어서라기보다 또래의 놀이에 흡수되지 못해 혼자 노는 경우가 많다. 왜? '함께' 놀 줄을 모르기 때문이다. 아니 늘 혼자 놀았던 아이가 사람과 어울려 놀기란 어려울 수밖에 없다. 사람과 노는 법을 모르고 대화하는 법을 배우지 못했기 때문이다.

혼자 놀이는 놀이일까?

혼자 노는 아이들이 가장 많이 하는 것은 무엇일까? 첫 번째, 장난감 놀이다. 아이들 놀이에서 장난감은 빠질 수 없다. 장난감은 아이들이 손만 뻗으면 닿는 곳에 늘 놓여 있으니 그만큼 아이들의 생활에 밀접해 있다. 형제자매가 적거나 혹은 없는 아이들이 집에서든 밖에서든 놀이 상대 삼아 가지고 노는 것이 장난감이기 때문이다.

요즘은 장난감에 집착하게 만드는 마케팅 전략을 쓴다. '한정판'으로 시중에 내놓으며 구매하기 힘들게 만들었다. 일찍 줄을 서지 않으면 가질 수 없을 정도로 몇 분 만에 동나 버리는 장난감들, 또래 친구가 가진 걸 본다면 상황은 더욱 심각해진다. 장난감을 가지고 싶다는 욕망에 사로잡힌 아이들로 만들어 버린다. 이런 장난감을 가졌다고 행복한 마음이 오래갈까? 그렇지도 않다. 행복감은 잠시, 또 다시 새로운 장난감을 요구한다. 가져도 가져도 만족감은 오지 않는다, 장난감에는 딱지 따먹기 할 때 만든 딱지처럼 아이의 혼이 담겨 있지 않기 때문이다. 아이들 마음에 행복은 장난감으로 채워지는 것이 아니다. 그렇다면 장난감은 아이들에게 무조건 나쁠까? 장난감을 가지고 노는 아이들의 모습을 자세히 살펴볼 필요가 있다.

아이들이 장난감을 가지고 놀 때는 상상의 나래를 펼친다. 장난감으로 인해 TV에서 보았던 만화 속 멋진 주인공이 되기도 하고, 혹은 무찔러야 할 적군이 되기도 한다. 하지만 장난감을 가지고 노는 아이들의 모습을 유심히 관찰해 보면 이상한 점을 발견할 수 있다. 아이들은 혼잣말을 하고, 혼자 논다. 상호간의 소통이 아닌 오로지 일방적인 혼자 놀이다. 놀이라 함은 '여러 사람이 모여 함께 놂'을 의미한다. 그렇다 하면 '혼자 놀이'라기보다 '혼자 보내기'가 올바른 명칭이지 않을까?

장난감이 무조건 나쁘다고 말하고 싶은 것은 아니다. 분명 아이들에게 유익한 장난감이 있다. 혼자 장난감을 가지고 놀아서는 안 된다고 말하고 싶은 것도 아니다. 혼자 몰입하여 노는 시간 또한 중요하다. 하지만 아이들이 장난감을 가지고 혼자 노는 시간이 과하게 많다는 것이다.

놀이는 아이들의 삶에서 굉장히 중요하다. 형제자매, 또래 친구들이나 동생들, 혹은 삼촌이나 이모, 엄마와 아빠, 할머니, 할아버지까지 많은 사람들과 만나고 이야기 나누고 놀이를 해 보며 상황에 맞게 살아가는 법을 배운다. 사람과 소통하는 법, 의사를 조율하는 법을 배운다. 어떻게 놀지 머리를 맞대고 궁리하기도 한다. 생각하고 실천하고 또는 수정하며 수많은 상상으로 창의적인 놀이들을 만들어 낸다. 아이들은 이러한 만남과 놀이 과정을 통해 삶을 배워가는 것이다.

아이들은 놀이를 통해 끊임없이 죽었다 살아나기도 하고, 실패의 차디찬 쓴맛을 보기도 하며, 성공의 쾌감과 희열을 느껴 보기도 하는 것이다. 그렇게 아이들은 좌절했다가도 용기를 만들어 내고 다시 도전할 힘을 만들어 낸다. 이러한 과정을 통해 아이들은 세상을 자연스럽게 배워 간다.

감정이 없는 장난감

아이들은 눈에 보이고, 손으로 만질 수 있고, 피부로 느낄 수 있고, 껴안으면 가슴이 따뜻해지는 실제의 것을 만나고 싶어 한다. 아이들은 동무를 만나고 엄마 아빠를 만나 눈을 마주 보고, 손을 잡고, 부둥켜안고 싶어 한다. 이렇게 어린 시절을 보내야 한다. 손도 없고 눈도 없고 가슴도 없는 것들과의 만남을 아이들은 원하지 않는다. 이런 물건들을 자꾸 손에 쥐어 주는 어른들이 제 맘대로 그렇게 할 뿐이다. 누가 뭐래도 놀이는 사람하고 만나 어울리는 것이다.   － 《아이들은 놀기 위해 세상에 온다》 중에서

넘쳐나는 장난감 또한 문제지만 감정도 온기도 없는 장난감을 가지고 노는 것을 우리는 눈여겨보아야 한다. 아이들은 놀이에서 만나는 숱한 사람들과의 관계맺음을 통해 감정을 알아가고 습득한다. 싫음과 좋음을, 기쁨과 슬픔을, 따뜻함과 냉정함을, 사랑과 이별을 말이

다. 같은 상황을 만나도 이럴 때는 이렇게 해 보고, 저럴 때는 저렇게 해 보기도 하면서 말이다.

친구들과 놀며 거절도 당해 보고, 협력하며 놀아도 본다. 편을 나누어 겨루어 보면서 져 보기도 하

아이들이 접은 딱지, 최고의 장난감일 것이다

고 승리를 맛보기도 한다. 동생들을 데리고 놀면서 우두머리가 되어 우쭐해 보기도 하고, 형들과 놀며 보살핌을 배우고 놀이를 배우기도 한다. 그렇게 사람 사이의 감정들을 놀이를 통해 느껴 보아야 사회 속으로 나왔을 때 아이들은 자기만의 빛을 낼 수 있게 된다.

내가 일하는 유치원에서는 딱지치기가 한창 유행이다. 매일 집에서 딱지를 한 아름 접어 유치원에 오면 친구들과 딱지 자랑 삼매경이다. 눈에서 레이저가 나올 법한 기세로 뚫어져라 서로의 딱지를 감상한다. 부러울 때도 있을 테고, 우쭐할 때도 있을 거다. 그 딱지를 접으려고 집에서 종이란 종이는 다 뒤졌을 것이다. 조금 빳빳한 종이로도 만들어 보고, 아주 작은 크기에서부터 박스로 접은 대형 딱지까지 그렇게 접은 딱지를 비닐 팩에 가득 담아 오는 아이들. 산타할아버지의 선물주머니마냥 비닐 팩에 모든 딱지들을 소중하게 들고 다닌다.

딱지 따먹기 할 때 딴 아이가 내 것을 치려고 할 때 가슴이 조마조마한다. 딱지가

홀딱 넘어갈 때 나는 내가 넘어가는 것 같다. — 백창우의 '딱지 따먹기' 노래 중에서

이런 것이 진정한 장난감이다. 나의 온 마음이 담겨 있는 딱지, 친구와 소통하게 만드는 딱지, 딱지치기를 할 때 딱지가 뒤집힐까 봐 친구가 딱지를 치는 순간 조마조마하게 지켜보는 그 시간, 딱지가 뒤집히는 그 순간, 내가 넘어가는 것 같은 그런 기분을 만드는 것, 그것이 진정한 장난감이다. 이런 것이 아이들의 장난감이어야 한다.

실물과 똑같은 장난감

또 문제가 되는 것이 요즘 장난감들이 상상을 할 수 없게끔 실물과 너무나도 똑같은 모형이 많다는 것이다. 자동차 장난감만 보더라도 자동차 장난감을 가지고서 자동차 놀이 말고는 상상을 할 수 없게끔 한다. 실물과 똑같은 자동차 장난감, 여러 음식 모양의 장난감, 병원 놀이 세트, 소꿉놀이 장난감 등 딱히 상상하지 않아도 될 만큼 진짜처럼 생긴 장난감이 수두룩하다. 자동차 장난감으로 자동차 놀이 말고는 상상하기 힘들다. 병원 놀이 세트로 병원 놀이가 아닌 소꿉놀이가 되지 않는 것이다. 이렇게 실물과 똑같은 장난감은 아이들의 창의력과 상상력을 키워 주지 못한다. 차라리 종이 블

모형 장난감과 자연에서 만나는
생명은 차원이 다르다.

력 장난감이 아이들의 창의성에는 더 좋다. 종이 블럭이 자동차도 되고 비행기도 되고 기차도 되고 성도 될 테니 말이다.

장난감은 제한적이다. 교실에서 아이들끼리의 다툼이 일어나는 것을 보면 많은 경우가 장난감을 서로 차지하기 위해서이다. 내가 가지고 놀 거라고, 혹은 내가 더 많이 가지고 놀 거라고 경쟁을 하고 다툼을 하게 된다. 장난감이 무한정 있는 것이 아니니 어찌 보면 당연한 일이다. 장난감의 수도 공간도 아이들에게는 제한적일뿐이다.

아이에게 부족하지 않게 해 주겠다며 많은 것을 돈으로 해결하려 하지만 아이들은 그런 것으로 행복하지 않다. 오히려 몸으로 놀아 주는 것이, 자연에서 뛰어놀 수 있는 시간과 자유를 주는 것이 더욱 좋다. 아이들은 그것이 삶의 본능이기 때문이다.

TV도 마찬가지다. 너무 어린 나이부터 TV와 컴퓨터 게임기, 스마트폰까지 아이들은 너무나도 쉽게 접근할 수 있다. 내 손 안의 스마트 세상에 살아가고 있으니 당연한 말일 테지만 말이다. 이제 돌이 지난 아기들도 스마트폰을 조작하는 장면을 우리는 흔히 볼 수 있다. 그만큼 아이들은 기계를 빨리 접하고 빨리 익히게 되어 버렸다. 사람 혹은 자연에 길들여진 것과 기계에 길들여진 것, 어떤 것이 아이에게 좋을까?

아이들에게 미안한 마음을 돈으로 해결하려 해서는 안 된다. 늘 바빴기에, 못 놀아 줬기에, 못 챙겨 줬기에 물질적으로 보상하려는 것은 부모의 자기합리화에 지나지 않는다. 아이들에게 값비싼 것을 손에 쥐어 주고 입혀 주고 먹여 주기보다 경험을 사 주는 것이 아이의 몸과 마음을 더욱 살찌게 만들며, 살아가는 원동력을 만들어 줄 것이다.

장난감 없는 교실

YMCA는 장난감도 거의 없고, TV 안 보기를 실천하며 친구와 뛰어 놀아야 하는 교육기관이다. 처음에 다른 기관에 갔다가 YMCA에 온 아이들 중 장난감이 없어 무엇을 하며 놀아야 할지 몰라 난감해 하는 아이들을 보곤 한다. 장난감에 길들여진 아이들인 것이다. 하지만 이 아이들도 장난감이 없으니 심심해지곤 한다. 그러면 친구들은 뭘 하며 노는지 주위를 둘러보게 된다. 친구들이 노는 모습을 보며 놀이를 배운다. 친구도 보이고 대화가 생기며 놀이가 만들어지게 된다. 놀이는 그렇게 시작된다.

YMCA에서는 2005년부터 '장난감 없는 교실'을 진행하였다. 장난감의 유해성에서 벗어나 아이들이 사람과 소통하고, 놀이를 창의적으로 만들어 내는 적극적인 아이들로 커 가길 바라는 마음에서 시작되었다.

그리하여 교실에 있던 장난감과 교구들, 책상과 의자까지 다 치워 버렸다. 교실에 있는 거라곤 친구와 선생님, 그리고 갖가지의 종이들 뿐이었다. 처음엔 아이들이 당황스러워 하며 방황하는 모습이 역력했다. 하지만 이 교실 저 교실을 가 봐도 장난감이 없음을 확인하고는 적응해 나갔다. 아니 적응할 수밖에 없었을 것이다. 그런 아이들이 처음 보게 된 것이 무엇이었을까? 바로 친구였다. 친구와 함께 무엇을 하고 놀 것인지 의논하기 시작했다. 그 다음엔 교실에 남아 있는 갖가지의 종이들이 보이기 시작했다.

그렇게 아이들은 종이로 인형을 만들어 인형극을 하며 놀기도 하고 미니카를 접어 미니카 시합을 열기도 했다. 미니카 시합도 단계를 만들어 난이도를 만들어 냈다. 아이들은 친구와 함께 기발하고 재미 있는 놀이를 많이 만들어 냈다. 어른들의 눈으로 보면 참 별 거 아닌 것 같지만 아이들은 세상에서 가장 기발한 생각을 해낸 것마냥 혼신의 힘을 다해 생각하고 신명나게 놀았다.

그로부터 YMCA 교실엔 실물과 똑같거나 틀에 박힌 장난감은 없어졌다. 늘 장난감보다는 친구와 함께 놀이를 만들어 내며 지내기에 매일이 '장난감 없는 교실'이 되어 버린 것이다. 그래서 지금은 '장난감 없는 교실'이 자연스럽게 없어진 프로그램 중 하나가 되었다.

장난감도 그렇지만 TV도 문제가 심각하다. 장난감은 가지고 놀려면 움직이며 상상을 하기라도 하지만, TV는 전혀 그렇지 못하다. 그냥 가만히 앉아 일방적으로 바라만 볼 뿐이다.

장난감과 스마트폰, 그리고 게임기를 손에 쥐어 주고는 놀 시간이

아이들이 직접 만든 인형으로 공연을 하였다.

없다 말할 수 없다. 컴퓨터와 TV가 아이들의 친구가 될 수는 없다. "일하고 돌아와 밥 먹이고, 아이들 씻기고, 숙제 봐 주고, 학교 준비물 챙기며 늘 '빨리빨리'를 외쳤는데, TV를 끄니 시간이 남더라"며 TV 끄기를 실천한 가정의 부모님들이 가장 많이 하시는 말씀이다. 늘 켜 두었던 TV, 드라마며 예능이며 빠지지 않고 보았던 2~3시간들이 우리 아이에게 갔어야 했던 시간이었음을 TV를 끄고서야 깨달았던 것이다.

YMCA는 지난 10년간 'TV 끄기 운동'을 진행하고 있다. 아이들과 함께 수업 중에 TV의 유해성에 대해 공부하고 TV보다 재미난 놀이를 찾는 수업을 한다. 그리고 가정과 연계하여 일주일간은 정말로 TV 끄기를 가정에서 실천한다.

TV의 유해성만 가르치는 것은 누구나 말할 수 있다. 그렇게는 아이들에게 심각성을 깊이 느끼게 만들지 못하리라 생각한다. 그래서 정말 TV 없이 살아 보는 경험을 아이와 부모에게 해 주고자 한 것이다.

물론 TV의 모든 프로그램이 해로운 것은 아니다. 성인이라면 자기가 판단하여 선택할 수 있겠지만, 아이들은 아직 판단력과 자제력이 부족하다. 그렇기에 끊어 보는 경험을 하는 것이다.

컴퓨터 게임에 가까이 갈수록 동무와 형제와 부모와 같은 '사람'과 멀어진다는 것이다. 삶이라는 것, 사랑한다는 것, 가슴 아프다는 것, 힘들다는 것, 눈물겹다는 것, 관계라는 것에서 멀어지려고만 하니 이를 어쩐단 말인가. 누가 무엇으로 문을 닫고 방으로 들어간 아이를 불러낼 수 있단 말인가.　　　　　－《아이들은 놀기 위해 세상에 온다》 중에서 아이들은 사람과 소통하고 노는 경험보다 혼자 노는 경험이 많았기에 노는 방법을 몰랐을 뿐, 환경을 만들어 주면 아이들은 아이다움을 스스로 찾아낼 수 있다. 지금의 환경이 밖으로 나갈 수 없기에 건물 속에서만 갇혀 아이 손에 TV리모컨과 스마트폰 또는 플라스틱 장난감을 쥐어 주는 부모가 되어서는 안 될 것이다. 지금의 환경이 그렇기에 더욱 더 아이들의 눈을 바라보면서 대화를 하고, 밖으로 나가 놀이를 찾아 주어야 할 것이다. 자연을 찾아 주고 놀이를 찾아 주어야 한다. 그것이 어른인 우리들의 몫이 아닐까?

자연은 가장 좋은 친구

무궁무진한 장난감

가정이나 교실에서 가지고 노는 장난감은 장소도 수도 제한적이지만, 자연으로 나가면 다르다. 좁은 건물이 아닌 넓은 자연에서 마음이 넓어진 아이들, 이리 둘러보고 저리 둘러보아도 가지고 놀 수 있는 것들이 무궁무진하다. 나뭇잎을 하나 주워 놀이를 해도 친구의 나뭇잎이 갖고 싶다고 뺏을 이유가 없다. 나무 밑으로 가 보면 또 있으니 말이다. 풀과 꽃, 여러 가지 모양의 나뭇잎들, 돌멩이와 땅 위를 기어 다니는 개미과 곤충들, 그리고 아이들의 가장 좋은 친구인 물과 흙까지 자연에는 놀잇감이 끝이 없다.

실물과 똑같은 장난감은 아이들의 상상력과 놀이를 죽이지만 자연

지렁이 캐기 삼매경에 빠진 아이들, 봉지 한가득 지렁이
가 담겨 있다.

에서 만나는 모든 것은 아이들의 상상력을 자극한다. 장난감이 한 가지의 틀에만 박혀 있다고 한다면 자연물들은 우주와도 같은 무한의 상상력으로 놀이를 만들어 낼 수 있다. 흙이 밥도 되고 케이크도 되고 집도 되고 산도 된다. 솔방울이 자동차도 되고 공도 되고 꽃도 되고 물고기 밥이 되기도 한다.

하물며 자연에서 만나는 생명들은 어떨까? 아이들의 호기심을 자극해 스스로 움직이고 만지고 느끼는 오감을 일깨워 준다. 감정이 없는 장난감이 아닌 살아 숨쉬는 벌레와 곤충들, 향기 가득한 풀꽃과 생동감 넘치는 동물들까지 자연스럽게 친구가 되는 것이다.

비가 온 다음날 아이들과 숲에 나갔다. 늘 가던 장소였기에 비가 오면 숲길에 지렁이가 나온다는 것을 아이들이 발견했다. 장마철이었기에 비가 자주 왔고 아이들은 지렁이를 자주 만날 수 있었던 것이다. 그렇게 하다 보니 지렁이는 축축하고 딱딱하지 않은 푹신푹신한 흙 속에서 잘 발견된다는 걸 자연스럽게 알게 되었다.

그 다음날 땅속 고구마를 캐듯 돌멩이와 나뭇가지를 이용해 지렁이 캐기가 시작되었다. 정말 신기할 정도로 지렁이가 많았다. 많은 지렁이를 어찌할지 생각하다 한 아이가 가방 속에서 여벌옷을 싸 둔 비닐봉투를 꺼내와 지렁이를 담았다. 네 것 내 것이 아닌 한 봉투에 모두 다 같이 지렁이를 담던 아이들. 이렇게 아이들은 지렁이 찾기 놀이를 협력해서 했다.

그뿐만이 아니다. 친구들과 숲 계곡에서 놀다가 다슬기를 발견하고는 다슬기를 잡아다 물 안에 돌멩이들을 이리저리 쌓아 다슬기 집을 만들어 주기도 하고, 여러 곤충들 잡기 삼매경일 때도 있었다.

특히 민물 새우를 발견한 날은 콜럼버스가 신대륙을 발견한 순간보다도 더 신세계였을 것이다. 친구들과 함께 민물 새우잡이 대소동이 벌어지기도 했다. 날쌘 새우를 혼자 힘으로 잡기에는 역부족이었기 때문이다. 인공적인 장난감들 틈에 두지 말고 자연으로 아이들을 데리고 나가야 하는 가장 큰 이유이다.

자연 속에서 크는 아이들

YMCA에서 아이들에게 자연을 찾아 주기 위해 하는 '숲속학교'는 말 그대로 숲이 학교인 것이다. 건물에 있는 것이 아니라 숲으로 나가 자연을 아이들에게 돌려주고, 스스로 배움을 얻도록 하는 것이다. 그래서 아이들은 건물 속에서 온 종일 수업하는 것이 아닌 숲에서 온종일 스스로 배우는 시간을 가진다.

숲에 나가면 눈에 띄게 줄어드는 것이 아이들의 다툼이다. 늘 제한적인 공간에서 지내던 아이들이 넓은 공간에서 지내며 무궁무진한 자연 놀잇감을 친구와 함께 가지고 노니 싸울 이유가 없어진 것이다. 내가 더 가지려 하기보다 발견한 하나의 놀잇감을 어떻게 재미나게 가지고 놀 수 있을 것인지 친구들과 상의하기 바쁘다.

하루는 숲으로 나갔다가 아이들이 도꼬마리를 발견했다. 도꼬마리 옆을 지나가다 아이 옷에 붙은 것이다. 그렇게 도꼬마리가 옷에 붙은 것을 발견한 한 아이가 옷에 붙였다 뗐다를 반복하더니 친구들에게 보여 줬다. 신기한 것을 발견한 아이들, 너도나도 도꼬마리를 하나씩 찾아내 옷에 붙였다 뗐다 하더니 한 아이가 "이거 도깨비 방망이 같다"라는 이야기를 했다. 그때부터 아이들은 도깨비로 변신해 도깨비 놀이를 시작했고, "금 나와라 와라 뚝딱! 은 나와라 와라 뚝딱" 노래가 절로 나오고 덩실덩실 춤을 추기까지 했다. 아빠 도깨비, 엄마 도깨비,

자연에 나가면 아이들은 협력하여 논다.

형 도깨비, 아기 도깨비까지 모두 등장시키면서 말이다. 이렇게 자연은 아이들의 좋은 친구가 되어 주고 친구와 함께 어울려 놀게 한다.

풍부해지는 감수성

자연으로 나가면 아이들의 감수성 또한 풍부해진다. 어떻게 이런 기똥찬 표현을 할 수 있을까 하는 생각이 들 만큼 살아 숨 쉬는 말들을 쏟아내곤 한다. 피부로 느껴지는 바람이, 날마다 변하는 자연이, 매일 달라지는 날씨와 커 가는 꽃들과 동식물들이, 그리고 자연의 웅장함이 아이들의 감수성을 자극하고 마음을 요동치게 하며 풍요롭게 만들어 주는 것이다.

계곡에서 놀다가 다슬기를 한데 모아 "같이 행복하게 살아~"라며 물속 돌멩이 집을 만들어 주는 아이의 따뜻한 마음, 처음 보는 열매 씨앗을 발견하고는 무슨 열매인지는 모르지만 흙 속에 묻어 주고 물도 뿌려 주며 쑥쑥 자라기를 기원하는 마음, 또는 그 열매가 무엇일까 궁금해 하며 기다리는 설레임, 매일 보던 초록 나무가 붉게 물들고 날씨가 추워지면서 나뭇잎이 떨어지는 것을 보더니 "나무가 춥겠다"라며 떨어진 나뭇잎을 모아 나무 가까이 덮어 주는 아이의 손길과 그 아이의 마음이 따스한 햇살처럼 보인다. 자연이 아이의 마음을 따뜻하게 만들어 주는 난로가 된 것처럼 말이다.

대단한 용기를 주는 자연

아이들과 숲에 갔다가 태풍을 만난 적이 있다. 여름 장마 기간, 비가 오지 않아 숲에 갔는데 느닷없이 하늘에서 비가 쏟아지기 시작했던 거다. 정말 하늘 큰 구멍이 뚫려 단번에 물을 부어 버리는 것처럼 억수같이 비가 쏟아졌다. 거기에다 천둥 번개까지 치면서 말이다. 일순간 어두컴컴해지면서 와락 비는 퍼붓고 우르르 쾅쾅 천둥소리와 번쩍이는 번개에 놀란 아이들, 당황할 새도 없이 숲속 정자 밑과 나무 밑으로 피했지만 장대 같은 비를 피할 수가 없었다. 급한 김에 바닥에 깔고 있던 돗자리를 아이들 머리 위로 씌웠지만 전혀 도움이 되지 않았다. 마른 데 없이 옷이며 가방이며 쫄딱 젖고 말았다.

대낮이었던 하늘이 갑자기 저녁처럼 어두컴컴해지고 천둥 번개가 치니 화들짝 놀란 아이들 울고불고 난리가 났다. "걱정하지 마! 선생님을 믿어. 내가 지켜줄게! 겁먹지 말고, 괜찮아 금방 괜찮아질 거야. 우리 용감하게 내려가자!" 어르고 달래가며 숲을 내려왔다. 그 길은 몇 년의 세월이 지난 것마냥 길고도 길게 느껴졌다.

그렇게 울고불고 난리가 났었던 아이들이 그 뒤로 가끔 그때 일을 이야기하곤 한다. "나 그때 용감했지요? 천둥 번개도 이기고 대단했지요?" 한다. 그때 그렇게 대성통곡을 하며 눈물 콧물 다 흘리며 울어 놓고도 아이들은 그것을 이겨 내 본 경험이 자기가 생각해도 대단했던 것이다.

자연으로 나가면 스스로 용기를 만들어 내기도 한다. 곤충이 무서워 못 잡던 아이가 매번 나갈 때마다 곤충을 만나니 잡아서 자세히 보고픈 마음이 생긴다. 친구들이 잡은 것을 부러워하고 어깨너머로 관찰하기 시작한다. 개미 한 마리 무서워 못 잡았는데 장난감 통에 개미를 한가득 담아 오는 용기 있는 아이로 변하기도 한다.

또, 높은 곳에서 다리가 후들거리면서도 뛰어내리며, 조금 더 높은 곳을 찾아 뛰어내려 보기도 한다. "선생님, 나 봤어요? 나 봐요"라면서 말이다. 그 모습이 참으로 사랑스럽다. 이렇게 자연이 아이들에게 용기를 불어넣어 준 것이다.

자연은 가장 좋은 친구이자 가장 위대한 스승

숲속학교 가는 전날 밤에 비가 왔었다. 아이들끼리 "오늘 숲에 가면 길에 민달팽이 많이 나왔겠다 맞제? 지렁이도 많겠네~ 내가 찾으면 니 부를게" 한다. 그 말이 어찌나 예쁘던지. 그날은 정말로 숲길에 민달팽이들이 많이 나왔다. 갈 생각은 안 하고 한참을 앉아 구경하고 "왜 민달팽이는 집이 없을까?", "달팽이는 왜 끈적끈적하지?"라며 궁금증이 마구 생긴다.

그러곤 다음 날 한 아이가 달팽이 책을 가져왔다. 달팽이는 온기가 있는 맨손으로 잡으면 우리가 화상을 입는 것처럼 아프다는 것을 알고 그 뒤로 달팽이를 만날 때면 나뭇잎으로 달팽이를 잡는다. 길에 나와 있는 달팽이를 누가 밟지 않도록 옮겨 주면서 말이다. 아이들은 이렇게 궁금한 것을 스스로 알아내기도 한다.

또 한 번은 숲길을 가다 스파이더맨처럼 생긴 멋진 거미를 만났다. 긴 다리에 주황과 노랑 얼룩무늬가 있는 거미가 멋들어지게 거미줄을 쳐 놓고 먹이를 기다리는지 움직이지 않았다. 덕분에 신난 아이들은 너무 쳐다봐 거미가 녹아 없어져 버릴 것마냥 뚫어지게 구경을 했다.

아이들이 찾은 호랑거미다.

그때도 마찬가지였다. 다음 날 거미 책을 가져오더니 그 거미가 '호랑거미'라며 알아낸 사실을 친구들에게 알려 주었다. 그 뒤로 거미에 관심이 쏠린 아이들이 유치원 구석구석을 누비며 거미들을 찾아내 "이거는 실거미다, 이 거미는 이렇게 집 안에서도 산다"라며 거미 박사님들이 되었다. 그때 건물 안에도 이렇게 많은 거미가 산다는 것을 알게 되었다.

이렇게 아이들은 궁금한 것을 스스로 탐색하고 알아낸다. 이것이 바로 우리 어른들이 바라는 '스스로 학습'하는 것이 아닐까? 알고 싶은 것을 재미나게 스스로 배우니 말이다.

자연에서는 인위적으로 가르치지 않아도 아이 스스로 알아 가고 깨닫게 된다. 인위적으로 가르치는 것은 경험이 없기 때문에 이해하기 어려워 공감되지 않는다. 그렇게 들어온 지식은 오래가지도 않는다. 시험 기간에 벼락치기 공부해 실컷 외웠지만 조금만 시간이 지나면 잊어버리는 것과 같다.

옥수수 밭에 가 본 아이만이 옥수수 밭은 허리를 숙여 들어가야 된다는 것을 안다. 그냥 허리를 꼿꼿이 세우고 걸어 들어가면 옥수수 잎에 얼굴이 다 긁히기 때문인 것이다. 이렇게 배운 경험은 절대 잊히지 않고 아이 삶에 자양분이 된다.

사실 인간은 이 무한한 세계에 있는 모든 것들로부터 끊임없이 배웁니다. 시냇물은 막힘 없이 흘러갑니다. "돌 하나하나마다 교훈이 서려 있고, 흘러가는 실개천도 지식의 원천"입니다. 삼라만상이 공부의 재료로 가득 차 있습니다. 나무와 풀, 꽃과 강 그리고 산, 하늘과 별들 모두가 각기 고유한 방식으로 인간에게 가르침을 베풀고 있습니다. (……) 이 광대한 창조의 세계야말로 신의 손으로 펼쳐져서 우리들 앞에 놓여 있는 영원하고 신성하며 경이로운 가장 성스러운 책입니다. ― 비노바 바베의 《삶으로 배우고 사랑으로 가르치라》 중에서

자연에서 자연스러운 경험으로 알게 된 지식은 아이 자신의 것이 되어 아이의 삶에 오래토록 머물게 된다. 몸으로 익힌 걸 잊어버리지 않는 것처럼 말이다. 수영이나 자전거를 배운 것처럼 없어지지 않는다. 그러한 경험들이 아이의 성장 과정에 묻어나게 된다. 그렇게 자연은 평생을 아이의 친구가 되고 스승이 되어 함께 간다. 아이는 인위적인 인간이 아닌 자연의 평화스러운 인간으로 성장되어지는 것이다. 자연을 잃어버리고 사는 아이들에게 아이들의 가장 좋은 친구인 자연을 돌려주어야 하는 것은 우리 어른들의 몫이다.

자연을 찾아 주자

자연에 푹 빠질 수 있는 환경을 만들어 주자

요즘은 아이를 밖으로 데리고 나가기 위험하기 때문에 가둬 두고만 키운다. 우리 어른들의 몫은 아이들을 자연으로 인도하고 함께하

게 해 주어야 하는 책임감을 가지고 실천하는 것이다. 아이들 혼자 힘으로는 할 수 없기 때문이다.

시간이 없기 때문에, 위험하기 때문이라며 이런 저런 핑계를 대지만 사실은 그렇지 않은 경우도 많다. 그렇게 짬나는 시간에 놀 것이 아니라 한 자라도 더 배웠으면 하는 욕심이 생기기 때문이다. 지식을 하나라도 더 많이 습득했으면 하는 마음, 남들보다 더 뛰어나게 잘했으면 하는 마음, 부모인 내가 못한 것을 아이가 이루어 주었으면 하는 욕심을 버리고, 아이의 행복한 삶에 집중한다면 충분히 가능한 일이다.

물론 자연으로 나간다고 바로 감수성이 풍부한 말들을 쏟아내고, 어른인 우리가 바라는 대로 아이들이 자라는 것은 아니다. 그 또한 어른들의 욕심일 수 있다. 그런 욕심들을 버리고 아이들을 자연으로 데리고 나갔을 때 시식 코너를 돌 듯 맛보기 식으로 놀기보다는 충분히 몰입하여 푹 놀이에 빠질 수 있게끔 해 주자는 것이다.

아이들이 온몸과 마음으로 자연에 안길 수 있도록 해 주어야 한다. 아이들이 신명나게 놀고 옷이 더러워지는 것에 신경이 쓰이지 않도록 "더러워져도 괜찮아"라는 말로 아이들이 놀이에 푹 빠져들 수 있게 해 주어야 한다. 옷 좀 더러워지면 뭐 어떨까? 세탁해 버리면 그만인 것을…….

아이들과 바깥놀이를 하다 보면 "옷 더러워지면 혼나는데"라며 혼잣말을 하는 아이를 보곤 한다. 아이의 옷을 보면 누구나 알 만큼 유명 브랜드의 비싼 옷을 입고 있다. 그날 엄마는 아이를 유치원에 보내면서 "옷 더럽히지 말고 조심해서 놀아~" 하셨을 것이다. 이 아이는 다른 친구들이 노는 것처럼 흙바닥에 풀썩 주저 앉아 흙 놀이를 할 수 없었다.

이런 경우도 있었다. 아이들과 모래놀이터에 나갔는데 한 아이가 엉덩이를 드러낼 정도로 입고 있는 원피스를 배 위까지 감싸 안고는 모래놀이터에 들어가지 못하고 있었다. 그렇게 친구들이 노는 모습만 보고 있었다. 왜 그랬을까? 아이는 그날 새로 산 옷을 입고 왔었던 것이다. 새 옷이 더럽혀질까 봐 앉지도, 서서 놀지도 못하고 친구들을 바라보고만 있었다.

그런 것에 신경을 쓰다 보면 아이는 열정도 패기도 도전 의식도 흥미도 잃어버리게 된다. 오히려 더럽고 찝찝하고 불편하고 걱정되는 마음만 생길 뿐이다. 아이들이 놀이에 푹 빠져들게 하려면 비싼 옷도

놀이터에서라도 흠뻑놀게 해주는 건 어떨까?

새 옷도 모두 거추장스러울 뿐이다. 더러워져도, 혹은 떨어져도 아깝지 않은 옷이 아이들의 놀이를 더욱 풍성하게 만들어 준다.

아이들을 생동감 있는 열정이 가득한 아이로 키울 것인지, 늘 걱정 많고 불안하고 불편한 소극적인 아이로 키울 것인지 생각해 보아야 한다.

충분한 시간과 기다려 주는 마음

우리는 부모로서 삶의 더 깊고 오묘한 것들을 아이들에게 가르쳐야만 한다. 어떻게 아이들이 평화와 사랑, 즐거움, 삶의 목적을 스스로 찾을 수 있는지를 말이다. 우리는 아이들이 땅으로 다시 돌아가도록, 순수한 감각을 되찾도록, 모험과 삶이 주는 놀라운 기쁨을 맛볼 수 있도록 이끌어야 한다. 우리는 아이들이 우주의 창조물과 하나라는 것을 일깨워 주고, 아이들이 자연이나 우주와 서로 다른 존재가 아니라 그 일부라는 사실을 느낄 수 있도록 해 주어야 한다. (……) 그래야만 아이들이 제대로 자랄 수 있다.　　　　－《여우처럼 걸어라》 중에서

부모가 욕심을 버려야 하듯 교사들도 마찬가지다. 무언가를 많이 또는 빨리 가르치려 해서는 안 된다. 교육에서 가장 중요한 것은 '기다림'이라 했다. 아이가 스스로 느껴 볼 수 있도록, 아이가 스스로 깨달을 수 있도록, 아이가 스스로 감동할 수 있는 충분한 시간으로 기다려 주어야 한다. 먼저 어른이 가르쳐 주는 것보다 스스로 알아낼 수 있도록 말이다.

숲 체험 프로그램이다 자연놀이다 해서 참가해 보면 지식 교육에

만 집중되어 있는 경우가 많다. 이 나무의 이름은 무엇이며 특징은 이렇다 혹은 이 풀은 어떤 계절에 꽃을 피우고 어떤 특징들이 있는지 등 하나라도 더 알게끔 해 주려는 경우가 많은 것이다. 그러고는 교사가 준비해 온 자연물 놀이로 만들기 하나 하고서는 끝나 버리는 경우가 다반사다.

이런 지식 교육이 나쁘다고 말하는 것이 아니다. 아이들이 자연을 스스로 탐색해 볼 시간을 주지 않고 일방적으로 전달하며, 짧은 시간 안에 많은 것을 주입하려는 것이 문제가 되는 것이다. 놀다 보면 이 나무나 꽃은 이름이 무엇일까? 궁금해지기도 한다. 아이들이 호랑거미의 이름이 궁금했던 것처럼 말이다. 그럼 그때 가르쳐 주면 된다. 혹

바깥놀이 때 잔디썰매를 발견한 아이들, 한참을 푹 빠져 놀았다

은 알아내는 방법을 가르쳐 주면 된다. 그랬을 때 아이는 그 나무와 꽃을 기억할 것이다. 잠깐 스쳐지나가는 것이 아닌 아이의 것이 될 것이다. 새로 사귄 친구마냥 친근하게 느껴지면서 말이다. 하지만 먼저 주입하려는 지식은 아이의 것이 되어지지 않는다.

그래서 아이들과 자연으로 나갔을 때에는 결과물에 집착해서는 안 된다. 이 또한 많은 것을 아이들 손에 쥐어 주려는 어른들의 욕심에 불과하다. 나무 이름, 꽃 이름을 외우게 하는 지식 교육보다는 마음으로 느끼는 자연이 더욱 중요하다. 결과에 집중하기보다는 아이들이 원하는 것으로 함께하려는 마음이어야 하는 것이다. 교사는 '이끌어 주는 사람', '함께하는 사람'이어야 한다.

자연의 그 경이로움

요즘 아이들을 보면 안타까운 마음이 들 때가 있다. 아름다운 것을 보고 감탄을 하거나 좋은 것에 기쁨을 표현하는 모습을 보지 못할 때이다. 왜 그럴까? 아이들 또한 감동하는 모습, 감탄하는 표현들을 보아야 배울 수 있고 표현할 수 있는데 우리 어른들이 그러지 못했기 때문이다.

왜 어른들은 자연의 경이로움을 접하며 감탄하는 모습을 아이들에게 보여 주지 못했을까? 아이들과 자연에 나가 보지 못했기 때문이다. 또는 어른인 자신도 자연에 나가 감동하고 감탄해 본 경험이 없기 때문이다. 참 슬픈 현실이다. 지금 우리 아이들은 그런 부모 밑에서, 그런 교사 밑에서 자라고 있다.

지리산 노고단을 도전한 아이들, 장관이다.

그래서 아이들의 손을 잡고 자연에 나가야 한다. 아이들의 감각을 일깨워 지각 능력을 길러 주어야 한다. 자연의 미묘한 소리와 생김새들, 냄새와 맛, 그리고 차가움과 따뜻함의 느낌을 스스로 경험하고 정성껏 알려 주어야 아이들의 지각을 민감하게 살찌울 수 있다.

자연 속으로 들어간 손님인 우리

하지만 자연은 우리가 군림해도 되는 것으로 가르쳐서는 안 된다. 마음대로 훼손하고 가져가는 것이 아님을 가르쳐야 한다. 자연은 우리의 일부분임을 잊지 말아야 하는 것이다.

권력을 가지고 자연을 마구 훼손하거나 군림하려고 해서는 안 된다는 걸 아이들에게 가르쳐야 한다. 자연의 힘을 거스르지 않아야 함을 가르쳐야 하는 것이다. 자연을 거스르는 것은 자연과 싸우는 것임을 잊지 말아야 한다.

우리가 숲속학교에서 태풍을 만났을 때 속수무책으로 비를 쫄딱 맞을 수밖에 없었던 것처럼, 우리는 결코 자연을 이길 수 없다. 우리는 자연에 들어가는 손님이지 주인은 아니다. 모든 생명체와 우리는 연결되어 있다는 것을 알려 주어야 한다. 아이들이 자연에 들어갔을 때 지켜야 할 예의를 가르쳐야 하는 것과 같다.

자연의 테두리를 배우는 것이 아니라 그 자연에 대해 아는 것, 이것이 우리가 아이들에게 가르쳐 주어야 하는 자연이다.

4

마을에서 화해와 실천을
배운다

마을, 마을 만들기, 마을 학교 등 마을이 자주 이야기되고 있다. 사람들은 이미 마을에 모여 살고 있는데 왜 자꾸 마을에서 무언가를 해보자고 할까? 그리고 YMCA 유아 교육 과정은 굳이 왜 마을에서 배우자는 걸까?

예전에는 동네 공터에서 아이들이 놀고 있으면 지나가던 어른들이 눈인사를 건네며 옆집 아이들이 얼마나 자랐는지 살펴봐 주었다. 그런데 지금은 동네에서 누가 무엇을 하든, 바로 옆에서 무슨 일이 벌어지든 그다지 관심을 두지 않는다. 소통하는 방법들도 달라지고, 사람 사이의 관계 맺는 과정이나 범위도 달라졌다. 하지만 아무리 무관심하고 눈에 잘 띄지 않아도 나는 누군가와 어떤 식으로든 영향을 주고받으며 살아갈 수밖에 없다. 이게 살아가는 이치다. 그런 점에서 나와 가장 가까운 이웃들이 모여 있는 동네도 다시금 볼 필요가 있다.

공동체 교육을 추구하는 YMCA 교육 과정은 내가 행한 것이 결국 나에게 다시 돌아오며, 나와 다른 생명들이 하나로 이어진다는 것을 알아가자는 뜻에서 출발했다. 그래서 기계화되고 상업화되고 생명에 대하여 무감각해지고 이기적으로 변해가는 차가운 세상이 조금 더 따뜻하게 변화되기를 바란다. 이런 생각을 바탕으로 YMCA 아기스포츠단은 마을 전체를 교실로 삼아 보려고 한다.

아이들과 함께 배움터로 생각하는 마을은 함께 살아가는 공간만을 가리키는 것은 아니다. '지역'의 자연과 문화, 어울려 살아가는 사회적 관계, 그 안에서 살아가는 사람들의 삶을 다 아우른다.

아이들의 배움은 거창한 프로그램이나 화려한 교재와 교구로 수업을 한다고 얻어지는 것은 아니다. 살아 있는 배움은 자기가 살고 있는 지역에서 이웃들과 상호작용하는 과정에서 일어난다. 나무가 잘 자라려면 햇빛과 바람과 물과 건강한 흙 외에도 떨어진 낙엽들과 나무 아래 나지막이 자리한 작은 풀들, 벌레들, 새들도 필요하다. 나무를 둘러싼 여러 환경 조건과 함께 살아가는 다양한 생명들이 제자리에 있으면서 제 역할을 다할 때, 비로소 나무는 온전하게 자랄 수 있다. 아이들 역시 가정, 교육기관, 동네가 제자리에서 제 역할을 다해 주어야 그 속에서 성장하게 된다.

한 사람 한 사람 개성도 다르고 생김새도 각기 다르지만 함께 모여서 서로의 장점을 살리고 부족한 점을 채우며 살아간다면 누구나 좀 더 온전한 삶을 살아갈 수 있을 것이다. 아이들이 이러한 공동체 안에서 마을의 구성원으로 잘 성장한다면 그 아이들이 자라서 결국은 건강한 지역사회를 일구어 나갈 것이다.

YMCA가 추구하는 '마을이 배움터'라는 가치는 내가 사는 마을의 온갖 생명이 다 소중하다는 것을 알고 존중하며, 더불어 살아가며 배우자는 데 있다. 마을의 구성원들이 살아 있는 활동체로 움직이며 누구도 소외받는 사람 없이 서로를 살피고 협력한다면 아무리 거대한 자본의 지배 구조에 놓여 있다 하더라도 마을 안에서는 누구나 사람답게 살아갈 수 있지 않을까?

나들이로 발견하는 마을의 자연

곶감보다 나들이

"〇〇야 놀~자~" 어린 시절에 매일 듣던 소리다. 이렇게들 불러 모아 삼삼오오 동네를 떠돌며 놀던 추억이 어렴풋하다. 해가 다 지도록 밖으로 돌고, 배가 고프면 친구 집에서 허기를 채우던 동네는 그야말로 온통 놀이터였고, 동네 어른들은 모두가 엄마요 아빠요 보호자였다. 하지만 이제는 이런 풍경을 접하기 어렵다.

요즘 아이들은 이른 아침부터 어린이집, 유치원 차량에 실려서 교육기관에 모인다. 선생님이 허락하셔야 바깥 공기도 마실 수 있고, 선생님이 허락하셔야 놀이터에서 미끄럼이나 그네도 탈 수 있고, 선생님이 허락하셔야 흙도 돌멩이도 한 번 만져볼 수 있다. 집에 돌아와서도 흙 놀이를 못하게 해서 어떤 친구들은 흙을 매우 더럽다고 생각한다.

모래나 흙을 아예 만지지 못하는 다섯 살 아이가 있었다. 모래를 만져 보라고 하면 아주 혐오스럽다는 표정으로 고개를 절레절레 흔들며

모래밭에 발도 안 넣으려 했다. 신발에 모래가 조금이라도 들어가면 울면서 빼 달라며 난리였다. 담임교사가 꾸준히 아이들과 나들이를 나가 놀이터에서 자연스럽게 모래를 만지는 기회를 가져 보도록 하면서 모래놀이로 확장시켜 가니 그 아이는 몇 주 후 달라졌다. 그리고 1년 후에는 언제 모래놀이 하냐며 모래밭에 가자고 조르게 되었다.

현장 학습이라고 하며 야외 활동을 하기도 하지만, 대부분 정해진 프로그램대로 움직이는 수업 형태가 대부분이다. 아이들은 줄을 서서 움직이고, 교사들은 현장 학습의 목표와 계획대로 활동을 이끌어 간다.

아이들에게 물어보았다. 무엇을 하면서 놀 때 가장 재미있냐고. 아이들은 대부분 바깥에서 놀이하는 것이 제일 좋다고 대답한다. 내가 만났던 많은 아이들은 바깥에서 특별히 무언가를 하지 않더라도 그냥 밖에 나가자고만 해도 "와~" 하고 환호성을 지르며 좋아했다. 마을 전체를 배움터로, 놀이터로 삼아 자꾸 바깥으로 나가는 이유는 아이들이 가장 즐거워하고 행복해 하기 때문이다.

어떻게 하면 교실 안에서 하는 프로그램들과 교재, 교구 활동으로 지친 요즘 아이들을 마을 어귀로 내보낼 수 있을까? 교사들과 의논하는 시간이 길어졌다. 여러 아이들을 매일 데리고 나가려고 하니 좁은 골목길에 지나다니는 차들도 위험하고 이런저런 안전사고도 염려가 되었다. 또한 유아 교육기관이라면 활동을 통해 무언가 결과물을 내야 하는데, 교실 생활이 적고 야외 활동이 많아지면 결과물도 부족하게 되어 마치 해야 할 일을 안 한 것 같다거나 부모들이 불만을 갖지는 않을까 걱정하는 선생님도 있었다. 더 중요한 게 무엇일까를 교사들 간에 끊임없이 논의하였고, 관련 책도 살피면서 함께 공부하고 외부 강사를 초빙하여 연수도 받으며 생각을 다져 갔다. 중심에 두어야 할 것은 아이들이 좋아하고 재미있어 하는 것임을!

아이들이 행복하고, 아이들이 즐거워하는 활동으로 가장 먼저 시작한 것이 동네 나들이이다. 동네에 있는 공원과 산에 주기적으로 놀러 다니기였다. 나들이 나가서 무엇을 하고 놀까는 걱정하지 않아도 되었다. 나가면 모든 것이 놀잇감이고 특별한 활동을 준비하지 않아도 즐거웠다.

매일 나들이를 하면서 종종 눈에 들어왔던 돌멩이는 아이들에겐 아주 매력적인 놀잇감이다. 안타깝게도 이제 도시에서는 자연스런 모양의 돌멩이들을 찾기란 정말 힘들어졌지만, 작은 공터나 공원의 나무 아래에서 간간이 손에 잡히는 돌멩이가 발견된다. 이것으로 아이들은 다양한 놀이를 만든다. 집도 짓고 소꿉놀이도 하고, 괜히 던져 보기도 한다.

비가 오면 군데군데 고여 있는 물도 신나는 놀이 대상이다. 밟아서 신발이 젖을까 봐 걱정하는 대신에 장화를 신겨서 나가면 된다. 아이들은 살짝 밟을 때 변하는 물의 파장을 보며 신기해 한다. 세게 밟아서 옆으로 팡팡 튀는 물방울을 보며 깔깔거린다.

작은 들풀과 나뭇잎, 꽃은 더없이 아름다운 놀잇감이 된다. 토끼풀로 반지를 만들어 끼워 주면 서로 해 달라고 야단이다. 풀싸움 놀이도 재미있다. 그저 긴 풀을 서로 마주 대고 힘을 주어 밀었을 때 끊어지지 않는 사람이 이기는 놀이이다. 하고 또 해도 다시 하자고 한다.

더운 날 동네 숲 안쪽 작은 냇물에 발을 담그고 물장난을 치거나, 추운 날 마당에서 드럼통에 불을 피워 삼겹살이랑 군고구마를 구워 먹기도 했다. 아이들과 산책하다가 마당 옆에서 구워 먹는 삼겹살은 식당에서 먹는 삼겹살과는 그 맛의 차원이 다르다. 제비처럼 입을 쩍 쩍 벌리고 고기를 받아서 맛있게 먹으며 웃는 아이들의 모습을 보면 마음속에 켜켜이 쌓여 있던 먼지덩이들이 훌훌 날아간다.

산책길에 벚꽃나무가 늘어선 길이 있다. 벚꽃이 활짝 피었다가 바람에 흔들려 꽃잎들이 떨어지는 날, 아이들과 교사들이 도란도란 이야기를 나누며 벚꽃 길을 걷는 뒷모습을 몇 걸음 떨어져서 본 적이 있다. 그 순간의 진하고 고운 감정을 어떻게 표현할 수 없어 안타깝다. 벚나무 열매가 가득 떨어진 날에는 열매의 즙으로 그림을 그리고, 예쁜 들꽃들이 피어 있을 때는 그저 향기를 맡아 보고, 바람이 시원한 날에는 바람을 맞으며 달려 보고, 나들이 길에 만난 나무에 기대어 보고 싶은 날엔 나무를 가만히 만지거나 안아 준다. 햇살을 받아들이고, 비를 맞기도 하고, 바람을 마주하며, 자연도 그러하듯 아이들도 매일매일 조금씩 단단해져 간다.

옛이야기 중에 호랑이와 곶감 이야기가 있다. 밖에 무서운 호랑이가 와 있다고 해도 엉엉 울던 아이가 곶감을 주니 눈물을 뚝 그쳤다는 이야기이다. 그런데 요즘 아이들은 곶감 준다고 해도 그다지 반응이 없다. 그런데 바깥놀이 가자고 하면 울음을 그친다. 아이들은 좋으면 자

꾸자꾸 하자고 한다. 나들이를 매일 나가도 또 나가자면 좋아라 한다. 아이들을 건강하게 키우고 싶은가? 나들이는 간단하면서도 비용도 들지 않는다. 아이들과 매일매일 동네 공원을, 가로수 옆길을, 근처의 산길이나 하천변의 땅을 자주 밟게 해 주면 된다. 그 길 위에서 아이들은 스스로 움직이고 저절로 건강해진다.

자세히 보면 다 예쁘다

아이들은 길을 가다가도 돌 틈, 나무 밑, 어디에서든 생명체가 보이면 멈춰 서서 자세히 본다. 발밑의 세상을 어쩜 그렇게 자세히 살펴보는지! 개미가 자기보다 더 큰 벌레를 물고 간다며 놀라움의 탄성을 지른다. 봄에 땅이 풀리고 구석진 곳에서 민들레라도 하나 올라오면 꽃이 피었다고 좋아한다. 관심 있는 것을 집중해서 지켜볼 때의 아이들

모습은 별빛과도
같이 반짝거리며
빛이 난다.

한 시인의 글귀
가 무척 와 닿는
다. 자세히 보아야
예쁘고 오래 보아
야 사랑스럽단다.

아이들도 그렇고 자연도 그렇다.
아이들 하나하나 예쁘지 않은 아
이들이 없다. 각자의 아름다운 빛
깔을 가지고 있고 하나뿐인 모습
속에서는 고유의 향기가 난다.

마을 나들이를 통해 자기를
둘러싼 것들을 관심을 갖고 자세히 보다 보면, 아름다운 것을 아름답
게 느끼고 아파하는 것들에 대해서는 연민을 느낄 줄 아는 아이들로
성장하게 될 것이다.

아이들과 나들이를 자주 하면서 작은 풀꽃들도 자세히 보는 습관
이 생겼다. 들풀이 어쩜 이렇게 예쁜지! 개체마다 아름다운 곡선과 독
특한 배열로 스스로 최상의 조건을 만들면서 생명력을 이어가는 걸
보게 되었다. 들여다볼수록 신기하고 놀랍다. 아이들의 모습과 똑같
다. 하나하나 다 다르고, 보면 볼수록 예쁘다. 주변의 여건이 잘 받쳐

주면 더 곱고 풍성하게 잘 자랄 수 있고, 혹여 바람이 불고 비가 거세게 몰아쳐도 잠시 흔들릴 뿐 곧 일어선다.

풀꽃을 그림으로 그려 보아도 좋다. 아이들이 잔디밭에서 편안히 놀이할 때 혹은 둘러앉아 간식을 먹는 시간에 틈틈이 그림을 그려 보았다. 내가 그림을 그리고 있으면 아이들은 어느새 곁으로 다가와 관심을 보인다. 다른 걸 그려 달라거나 잘 그렸다고 칭찬도 해 준다. 아이들에게 그림을 그려 보라고 말로만 하는 것보다 곁에서 그리는 모습을 보여 주면, 아이들은 그냥 해 보고 싶어 한다. 그 순간에 그릴 도구를 주거나 혹은 막대기만 있어도 아이들은 잘 그린다. 일상에서 일어나는 일들을 직접 해 보는 과정은 정말 살아 있는 배움이다. 내면에서 해 보고 싶어 하는 마음이 생겨서 스스로 하면 언제나 즐겁다.

아이들과 함께 나들이 가서 그린 그림.

익숙함에서 탄생하는 새로운 것

복잡하고 사람 많고 요란한 놀이공원이나 첨단의 시설을 갖춘 좋은 견학지에서 아이들은 새로운 것을 경험할 수 있겠지만, 편안한 동네 나들이가 아이들에게 더 큰 즐거움과 행복감을 준다고 생각한다. 외부에서 온 화려하고 강한 자극에 반응한 동기보다는 내면에서 꿈틀거리며 우러나오는 동기에서 상상력과 창의력이 생긴다.

박물관, 현장 학습관 등 많은 견학지를 가 봤지만 유아들은 거기에서 그다지 큰 감동을 받지는 못하는 것 같다. 몇몇 아이들은 선생님을 잃어버릴까 봐 불안해 하거나 낯선 장소에 적응하느라 시간을 보내고, 몇몇 아이들은 평소에 못 보던 것들을 살펴보고 만지며 돌아다니느라 한껏 들떠서 정신이 없다.

유아기의 아이들은 반복하는 것을 좋아하고 거기에서 안정감을 느낀다. 매일 불렀던 노래를 더 좋아하고, 어제 읽어 주었던 동화책을 오늘 또 읽어 달라고 들고 온다. 나들이도 마찬가지다. 자주 가는 숲, 매일 가는 동네 길목을 아이들은 정말 좋아하고 매일 하는 소꿉놀이도 재미있어 한다. 똑같은 흙으로, 똑같은 풀로 소꿉놀이를 하지만 어제

와는 다른 밥상차림이고 어제와는 조금 다른 이야기를 지어낸다. 어른들이 보기엔 특별할 것 없는 동네 길일 뿐이지만 아이들의 눈에는 하루하루가 다르다. 어제는 봉오리져 있던 길가의 꽃이 오늘은 활짝 피었고,

어제는 매달려 있던 나뭇잎들이 오늘은 바람에 날려 떨어져 있다. 어제도 오늘도 매일 비슷한 곳에서 어슬렁거리는 똥강아지도 가만히 살펴보면 표정이 매일 바뀐다. 익숙하게 바라보던 것들이어야 변화를 감지할 수 있고, 늘 하던 일이 있어야 그를 바탕으로 새로운 활동이 태어난다.

아이들이 나오면 마을도 바꾼다

이제는 동네에서 자연 그대로인 흙을 밟기가 어려워졌다. 놀이터와 학교 운동장 바닥에 깔려 있던 모래나 흙은 사라지고 아이들의 안전과 위생 관리를 위한다며 폐합성수지와 폐타이어로 만든 고무 재질 패드가 깔려 있다. 이것이 정말 누구를 위한 것일까?

언젠가 아기스포츠단 뒤편 놀이터 바닥재를 시공하는데 역한 석유화학 냄새가 풍기길래 시청 공원녹지과에 전화를 걸었다. 공원녹지과에서는 원래 바닥재에서 나는 냄새라며 대수롭지 않은 듯 넘기려 했다. 나는 바닥재가 안전하고 인증 받은 제품인지 제품에 대한 보증서를 보내 달라고 공문을 보내서 요청했다. 그리고 다음 날이 되니 깔았던 바닥재를 다시 걷기 시작했다. 아마 보증서를 보내주기 곤란한 저급한 재질이었나 보다. 그리고 며칠이 지나 다시 공사를 하더니 이내 중금속과 유기 화합물 용량이 기준치 이하라고 적힌 문서를 팩스로 보내왔다. 새로 교체한 바닥재에서는 냄새가 나지 않았다.

수치만 보면 기준치 이하의 제품이라서 안전하다고 여길 수 있지만, 기준치에 미치지 않는다고 하여도 유해 물질에 지속적으로 노출

되는 것이어서 아이들에게 어떤 영향을 줄지 걱정이다. 아이들이 만지고 먹고 가까이 하는 것들은 장삿속이 아닌 아이들을 건강을 자랄 수 있도록 돕는다는 입장에서 제공되어야 할 것이다. 주변의 어른들이 주의 깊게 살펴서 잘못된 것은 반드시 바꾸어야 한다.

아이들과 동네 나들이를 하다 보면 이런저런 어려움이 있다. 바로 옆에 왕숙천이라는 하천이 있는데, 잔디밭이 있어서 뛰놀기에 좋은 곳이다. 하지만 건너갈 횡단보도가 너무 멀었다. 차들도 신호등이 없는 하천변 길이어서 쌩쌩 달린다. 육교가 필요했다. 동네 통장님을 찾아뵙고 도움을 청했다. 육교를 설치해 달라는 요청서를 주민들의 동의를 받아 시청에 제출하니 육교를 설치해 주었다. 아이들은 이제 안전한 육교를 통해서 하천변으로 가게 되었다. 이 방식으로 바로 앞 도로에 속도 방지턱도 설치하였다.

아이들과 자주 가는 놀이터 중에 모래가 깔린 곳이 있다. 평일에는 괜찮은데 주말만 지나면 쓰레기가 잔뜩 버려져 있었다. 물론 깨진 술병도 보여서 위험했다. 월요일 아침마다 선생님들과 아이들이 집게와 쓰레기봉투를 들고 놀이터 청소를 한다. 아침이면 언제나 선생님들이 빗자루를 들고 기관 앞과 주변을 쓸고 청소하고, 아이들도 정기적으로 놀이터를 청소한다. 그렇게 하니 아이들은 길가에 쓰레기가 버려져 있으면 "선생님! 누가 쓰레기를 이렇게 버렸어요!" 하면서 속상해했다. 아이들도 깨끗한 동네에서 사는 것이 더 기분 좋은 일이라는 것을 느끼고 있음을 알 수 있다.

그런데 아이들과 하는 청소에는 한계가 있었다. 놀이터 모래 곳곳에서 유리 조각이 나왔고, 가끔은 동물의 배설물도 있었다. 자주 모래를 교체해야 할 듯하여 시청에 요청했다. 정기적으로 하고 있으니 요청할 때마다 할 순 없다는 답변을 들었다. 나는 즉시 놀이터의 모래를 뒤져서 유리 조각을 몇 개 찾아 하얀 봉투에 담았다. 봉투 위에 OO공원 △△놀이터 모래밭에서 언제 찾은 유리 조각이라고 기록한 뒤, 시청 담당자를 찾아가서 책상 위에 조용히 올려두며 말했다. 방금 놀이터에서 찾은 유리 조각들이고 아이들이 다치면 책임지시라고 전했다. 그 뒤로 놀이터 모래 교체는 자주 이루어졌다. 청소 주기도 짧아졌고 교사들은 마음이 더 편해졌다. 아이들도 깨끗한 놀이터에서 더 신나게 놀이할 수 있었다.

추석에는 동네 놀이터 마당에 돗자리를 폈다. 부모들을 초대하여 함께 전을 부치고, 동네 정자에서 쉬는 어르신들께도 부침개 한 접시를 나누어 드렸다. 어르신들은 무척 고마워하셨다. 요즘 명절에는 집에서도 음식을 많이 안 하는데, 마당에 나와 아이들과 전을 부쳐서 동네 사람들과 나누어 먹는 모습이 정겨워 보였나 보다. 며느리에게 손주 보낼 좋은 곳이 있다고 말하겠노라며 YMCA 연락처를 받아 가셨다.

교육은 매일 살아가는 삶의 자리에서 지금보다 한 걸음 더 나아가 긍정적인 변화를 이루어 가려는 과정일 것이다. 조금 더 건강해지는 선택을 하고 현실을 바꾸어 나가는 과정에서 성인 역시 배우고 성장한다. 그러한 모습을 아이들은 곁에서 조용히 지켜보며 자란다.

나들이에서 만나는 보물들

아이들은 마을 길을 걷다가 만난 자연의 모습들에 기뻐하고 자연과 바로 친구가 된다. 그리고 작은 자연물들은 커다란 의미가 되고 보물이 된다. 엄마 아빠에게 가져다 드리고 싶은 마음, 교실에 가지고 들어오고 싶은 마음, 친구나 선생님에게 주고 싶은 마음이 가득하다.

선생님들이 아이들의 마음을 읽고 나들이 가방을 만들었다. 천으로 만들기도 하고 때로는 투명한 페트병을 잘라서 끈을 매어 만들기도 했다. 광목천을 집으로 보내 엄마가 만들어 달라고 하는 경우도 있다. 물론 아이들은 엄마랑 함께 꾸민 나만의 산책 가방을 가장 좋아한다.

가방에 이것저것 가득 담아서 들어오면 어른들이 보기에는 청소할 일거리가 늘어나는 셈이다. 그래서 선생님들의 역할이 중요하다. 훌륭한 배움은 아이들이 스스로 흥미를 발견하고 즐거움을 느낄 수 있을 때 일어나는 것이기에! 아이들이 좋아하고 관심을 가지는 것들을 만지고, 바라보고, 가지고 놀 수 있도록 도와주며 곁에 있는 사람들이 함께 관심 가져 주는 과정이 배움의 진정한 기쁨이 아닐까 여겨진다.

풀도 따서 가방에 담아 보고, 나뭇가지도 담아 보고, 작은 곤충을 잡아서 넣기도 하고, 들꽃도 따서 담아 본다. 그런데 풀과 꽃과 메뚜기 같은 생명체들은 교실로 가지고 들어가면 이내 시들어 버리거나 다리가 잘리거나 죽는다. 살아 있는 자연에 대하여 자연 상태로 있을 때, 원래 있던 그 자리에 있을 때 생명력이 있고 아름답다는 것을 눈으로 보고 피부로 느끼게 된다. 그리고 다음에 선생님이 이야기해 준다. 벌레는 손으로 잡으면 고통스러워하거나 죽을 수도 있으니 보기만 하자. 꽃을 꺾어서 놀기보다는 그냥 예쁜 모습 간직할 수 있게 보면서 놀자. 아이들은 이해하고 보물 주머니에는 나뭇가지나 돌멩이, 금세 시들지 않으면서 개수가 많은 강아지풀들만 담는다. 그렇게 자연을 망가뜨리지 않는 범위에서 자연과 친구하는 방법들을 배워 나간다.

마을 산책길에 만난 보물들은 집에 가지고 가기도 하지만 결국 다시 그 자리로 돌려보내 준다. 나뭇잎도 풀도 꽃도 시들고 떨어진 이후에 다시 흙으로 돌아가는 것을 보며 아이들은 생명이 순환되는 것임을 배운다.

아이들도 이 마을에서 자라고, 자기가 자란 마을에 대하여 애착을 가지고, 다시 그 마을의 구성원이 되어 건강하게 살아가고……. 그렇게 나무처럼 꽃처럼 살아갈 수 있기를 바라는 마음으로 아이들과 보물 주머니를 가득 채운다.

'우리' 마을

우리, 같이, 함께……. 나는 이런 단어가 참 좋다. 내 것을 나누어 주거나 함께하자는 순간은 타인에게 내 마음을 여는 순간인 듯하다. 아이들도 그렇다. 내 색연필을 같이 써도 되고, 내 간식을 나눠 주게 되고, 함께 놀자고 말하게 되는 존재가 친구다. "선생님, 내 집에 놀러 오세요." 그 말을 들으면 늘 고맙고 행복하다. 아이들에게 '내 것'이 '우리 것'이 되는 순간은 같이 함께 했던 공간, 함께 했던 시간에서 생겨난다. 친구 손을 잡고 매일 갔던 그 놀이터는 우리 놀이터가 되고, 매일 걸어가던 그 길로 이어진 곳곳들은 우리 마을이 된다.

아이들은 곧 마을 길을 훤히 알게 되고, 6세에서 7세가 되면 마을의 여기저기를 그림으로 표현할 줄 알게 된다. 매일 지나치는 작은 구멍가게, 동네 빵집, 미용실을 지나 여기는 친구 누구네 집, 공터와 작은 나무들 등등. 그렇게 내가 사는 동네를 그려 보며 아이들은 무척이나 뿌듯해 한다. 나의 집도 있고 너의 집도 있고, 우리가 같이 쉬어가는 동네 벤치도 있고, 모두가 드나드는 상점들도 있다. 모든 것들은 서로 보이지 않는 고리로 연결되어 있으며 다 필요하고 중요하다는 것을 알게 된다.

아이들은 매일 하는 나들이로 추억을 만들고, 이 추억들로 마을의 구석구석에 애정을 가지게 되고, 마을에서 일어나는 일들에 관심을 가지게 된다. 그렇게 마을 나들이는 '나'의 것이 '우리' 것이 되어가는 훌륭한 배움의 과정이다.

이야기와 축제로 즐기는 마을의 문화

이야기, 노래, 그림

마을을 이루고 있는 보이지 않는 큰 영역의 하나가 바로 말, 즉 이야기일 것이다. 아이들과 곱고 아름다운 우리말을 쓰려고 노력한다. 마을을 배움터로 삼아서, 눈에 보이는 것들을 지키려는 노력도 중요하지만 보이지 않는 우리 문화를 잇는 것도 아주 중요하다.

큰 공원에 놀러 가면 자주 들을 수 있다. "샘", "탐", "앨리스"라고 부르며 유치원 아이들을 줄지어 데리고 다닌다. 외국 친구들이 놀러 왔나? 돌아보면 아니다. 아이들도, 선생님들도 모습은 분명 한국 사람이다. 그런데 사용하는 언어나 표정, 심지어 몸짓들도 마치 다른 세계에서 온 듯하다. 이른 나이에 다른 나라의 문화적 양식으로 키우는 것이 아이들에게 어떤 가치관을 심어줄까?

아이들이 우리말을 먼저 사용하고, 우리나라 사람들을 먼저 만나고, 우리의 것들을 먼저 배우고 소중하게 생각하면서 자랐으면 좋겠다. 때가 되면 초콜릿을 주고받고, 번쩍거리는 망토에 호박 가면을 쓰고 사탕을 선물하는 것에 익숙하기보다는, 서로가 건강하기를 바라며 부럼도 함께 깨고, 봄이 되면 예쁜 꽃으로 화전을 부치고, 가을에 추

수한 곡식들로 예쁜 달을 닮은 송편을 쪄서 먹을 줄 알면서 자라나길 바란다.

　어릴 때 먹던 음식이 맛나고 어릴 때 놀던 고향이 그립다. 누구나 어릴 때의 추억을 본능적으로 잊지 못한다. 아이들에게 우리 것, 좋은 것, 내 주변의 것을 자주 접해서 익숙해지도록 도와주어야 하지 않을까? 할머니나 엄마가 두런두런 나누던 이야기를 들으며 경험했던 편안함, 오래전부터 이야기로 전해 내려오던 우리 것, 우리의 감성들을 요즘의 아이들도 느끼게 했으면 한다. 아이들에게 원래 이 땅에 존재하던 것들을 보게 하고 알게 하는 것이 먼저 난 선생(先生)들의 의무가 아닐까. 이미 너무 많이 잃어버린 우리 것을 되돌리고 찾아야 하지 않을까.

　그래서 시작했다. 그중에 이야기, 노래, 그림은 아이들 일상에서 빠질 수 없다. 낮잠 자는 시간에 맞추어 한 달 정도 같은 옛날이야기를 들려주었다. 그림책을 보여 주지 않고 이야기만으로도 아이들은 한껏 재미있어 했다. 머릿속에서는 책을 볼 때보다 더 많은 세상을 그리며 이야기를 듣는다. 매일 이야기 듣기는 어휘력의 발달을 돕고 상상력의 발달을 돕는다. 게다가 낮잠을 억지로 재우지 않아도 무척 행복하고 편안한 표정으로 금세 스르륵 잠이 든다. 선생님의 익숙한 목소리로 들려주는 우리 이야기는 그만큼 편안하다는 뜻이리라. 어느 순간 아이들이 토씨 하나 틀리지 않고 선생님의 이야기를 그대로 줄줄 읊어대는 것을 발견하게 된다. 글자를 몰라도 이야기를 들려줄 줄 안다. 똑같이 따라 하기의 시간이 어느 정도 지나면 거기에 변화를 주어 이야기를 꾸밀 줄도 알게 되고, 이야기를 재구성해서 인형놀이를 하기도 한다.

할머니들이 아이를 달랠 때, 재울 때, 놀아줄 때 그 상황에 맞는 박자와 리듬을 넣어서 노래를 불러 주는 것을 우리는 어릴 적에 경험해 보았다. '곤지곤지~ 잼잼~ 자장자장 우리 아기~' 단순하고 짧은 흥얼거림의 노래부터, 놀이에 붙여지는 노래들까지 아이들은 본능적으로 노래를 좋아한다. 훌륭한 노래 솜씨가 아니어도, 멋들어진 반주가 없어도 노래를 불러 주면 아이들은 귀를 쫑긋 세우고 눈을 반짝거리면서 바라본다.

밝고 신나게 자랐으면 하는 바람과 살아 있는 모든 것들을 사랑하는 사람으로 자라기를 소망하는 마음을 담아 아이들과 부를 우리만의 노래도 만들어 부르고 있다.

밝고 신나게, 모두를 사랑하는 마음으로 함께 부르도록 만든 <구리 YMCA 아기스포츠단 단가>의 악보(오나미 작사·작곡).

그려 보았다. 크레파스나 물감으로 그리는 것과는 느낌이 많이 다르다. 화학적인 냄새 대신 자연의 냄새들을 맡으면서 자연스럽게 종이에 번져가는 모양을 보면 기분이 좋고 편안하다. 자연의 빛깔만큼 곱고 아름다운 것은 없다. 옆에 있는 자연물이 다르게 쓰여서 나타내진 모습을 접하게 되면, 자연에서 온 것들은 버릴 게 없고 다시 자연으로 그냥 돌아가도 된다는 것을 알게 된다.

모양만 다를 뿐이지 이야기도, 그림도, 노래도 결국은 우리 마을에서, 우리 곁에서 이미 존재하던 것들과 맞닿는 과정이다. 잊히고 단절되었던 것들과의 만남을 잇는 게 아기스포츠단의 교육 과정이다.

축제를 살리자

마을에서 잔치가 사라진 지 오래되었다. 혼례든 환갑잔치든 어느

집에 행사가 있으면 동네 사람들이 함께 모여 음식을 나누며 기쁨과 슬픔을 같이하던 따뜻한 나눔의 자리가 사라졌다. 그래서 우리는 이렇게 삭막하게 살고 있는지도 모른다. 이웃의 아픔에 함께 아프고 이웃의 즐거움에 함께 즐거워하며, 상대방의 감정에 공감할 줄 아는 마음이 점점 사라지고 있다. '사람'에 대한 소중함이 함께 사라지고 있다.

　번쩍거리는 조명 아래서 아이들은 유행가에 맞추어 화려한 옷을 입고 춤을 추며 재롱을 피운다. 어른들은 관람석에 앉아서 구경만 한다. 그야말로 재롱 잔치이다. 이런 재롱 잔치가 아닌 모두의 잔치는 어떻게 가능할까. 물론 아이들이 한 해 동안 해 왔던 활동들을 발표하는 장도 있어야 한다. 그러나 발표회를 위해서 두어 달 억지로 연습하고 아이들에게 맞지 않는 노랫말이 담긴 음악에 맞추어 춤을 추는 재롱 잔치는 멈추었으면 한다. 모두가 준비하고 함께 어울려 즐기는 축제로 바뀌었으면 좋겠다.

축제를 열기로 했다. 가족들이 장기자랑을 준비하고 집에서 음식을 한 가지씩 조리해 와서 다 함께 나누어 먹는 방식으로 바꾸어 보았다. 할아버지, 할머니도 두런두런 둘러앉아 가족마다 준비한 발표를 구경하고 맛있는 음식을 나누었다. 마치 한 가족들인양 따뜻하고 정겨운 자리가 되었다.

다른 방식으로 음악회도 열어 보았다. 여름날 밤, 마을 공원의 큰 야외무대를 빌렸다. 두어 달 전부터 장기자랑을 해 보자고 각 가정에 말했더니 의외로 다양한 공연이 준비되었다. 아빠랑 아이랑 둘이 눈빛을 교환하며 부르는 다정한 노래, 엄마는 작은북에 아빠는 기타 연주를 하고 아이는 노래를 하기도 했다. 부부가 환상적인 탱고를 추기도 하고 악기를 다루는 엄마가 친구들과 멋들어진 관악 합주를 연주하기도 했다. 특히 열 명이 넘는 어머님들이 상당히 연습해서 난타 혹은 사물놀이를 공연하기도 했다. 다들 공연도 멋있었지만 공연을 준비하는 시간도 참 좋았다고 한다. 부모들은 같은 지역에 살고 아이를 같은 교육기관에 보내면서도 얼굴만 보고 스치듯 지나쳤던 관계에서 언니, 동생, 친구가 되었다.

한여름 밤의 아름다운 축제는 아이들도 즐거웠고 어르신들도 좋아

했다. 가족이 준비한 다양한 장기자랑은 순서마다 빛이 났다. 그리고 감동과 여운이 남아 축제가 끝나고도 쉽게 자리를 뜨지 못했다. 음악회에 참여하고 나서 아기스포츠단 회원인 것이 자랑스럽다는 한 어머님의 이야기가 아직도 진하게 기억에 남는다.

음악회 이후로 이웃들의 만남은 끈끈해졌다. 모두가 참여했던 축제는 내 아이만 뚫어지게 바라보던 재롱 잔치하고는 달랐다. 옆집 아이도 보게 되고, 옆집 엄마와 아빠에게도 관심을 갖게 된 것이다. 환하게 달 밝은 밤에 온 동네 사람들이 모여 음식도 나누고 노래도 한 자락 하면서 어우러져 하나가 되었던 예전 마을 잔치의 모습과 형태는 같을 순 없을 테지만, 요즘 스타일로 마을 잔치를 벌여 보자. 그리고 이를 계기로 옆집 엄마, 옆집 아빠, 옆집 아이, 옆집 어르신들과 자주 만나고 음식도 나누고 이야기도 나누며 사람처럼 살아보자.

귀찮고 어려운 것 해 보기

시대가 바뀌어서 마을의 독특한 문화가 풍부하지는 않으나 그래도 지역마다 문화적 특색이 조금은 남아 있다. 일상 생활양식에서 배움을 찾고 우리의 것을 소중히 여기려는 교육 과정은 중요하다. 성인이 되어 가치관을 형성하는 데 기본이기 때문이다. 눈에 보이는 마을은

땅과 물, 건물, 산과 나무와 같은 자연이지만, 눈에 보이지 않는 마을은 이런 문화적인 부분들로 이루어져 있다.

아이들과 전래 놀이나 전래 동요를 배워 보았다. 또한 오랜 생활 전통인 세시풍속 중에 실현 가능한 행사들을 찾아서 해 보았다.

요즘 젊은 선생님들은 도심에서 자라서 그런지 골목 놀이, 전래 놀이를 해 본 경험이 없는 경우가 많다. 그래서 교사들도 전문가에게 노래와 놀이를 배워야 했다. 본인이 어렸을 때 해 보았던 놀이들은 아이들에게 쉽게 알려줄 수 있고 시도해 보기가 좋은데, 몇 차례 강의를 들은 것만으로 아이들과 해 본다는 것은 어려운 일이었다.

그래서 잊혀진 풍속들, 어릴 적에 해 보지도 않았고 요즘에 역시 하지 않는 풍속들을 찾아서 아이들과 해 보는 것은 귀찮고 어렵고 낯설다. 그렇지만 이렇게라도 우리의 것을 찾고 이어 가려는 노력을 할 때, 내가 살아가는 마을과 마을을 이루는 근간들을 지켜 나갈 수 있을 것이다.

아이들은 궁금하면 바로 묻는다. "선생님, 이게 뭐예요?"라고 물을 때, 배경이 되는 장소나 사건을 간단하게라도 알려 줄 정보가 없으면 "몰라"하고 답하게 된다. 아이들의 궁금함을 풀어 주기 위해서라도 살고 있는 지역의 역사나 사건에 대하여 관심을 가지자.

지역에는 역사가 있고, 이야기의 배경이 되는 장소가 있다. 그곳에 자주 가 보자. 마을은 시간과 비용을 들이지 않아도 손쉽게 찾아갈 수 있는 소중한 배움터이다. 지역의 유적과 유물들은 후대에게도 물려주어야 한다. 우리가 살고 있는 마을의 역사, 그리고 생활 문화를 배우면서 우리의 뿌리를 공부해 보자.

지역에서 열리는 행사나 마을 잔치에 참여해 보았다. 지역 환경 단체에서 주관했던 그림 대회와 인근 하천변에

서 했던 마라톤 대회에 나갔다. 특히 마라톤 대회는 하천변 10㎞를 여러 코스로 달렸다. 이렇게 가까운 곳에 이렇게 아름다운 곳이 있다는 데 탄복하는 부모들이 있었다. 가족만의 산책도 좋지만 친구의 가족들과 함께 달리기를 하니까 더 즐거웠나 보았다. 행사가 끝나고도 한동안 자리에 남아서 자연이 주는 여유를 만끽하는 가족들이 많았다. 자연과 자주 어울릴수록 유아기 아이들은 더욱 건강하게 자란다. 동

네에서 자연을 접하는 시간과 기회를 자주 제공하는 것이 좋다. 이를 통해 크게는 건강한 지구를 지킬 수 있으며, 작게는 개개인의 삶도 건강하게 가꾸어 갈 수 있기 때문이다.

가족 단위 여가 시간이 늘고 있다. 비싼 비용을 들여 먼 곳에 갈 수도 있지만, 지역에서 열리는 축제와 행사, 문화재들을 찾고 참여하는 것도 일상을 풍요롭게 해 준다. 한강변에서 이루어지는 유채꽃 축제와 코스모스 축제에 참여해 보았다. 쓰지 않는 하천변 공터에 꽃을 심고 가꾸었더니 꽃이 활짝 필 무렵에는 많은 사람이 찾아와 즐겼다. 이를 지켜보면서 많은 생각을 하게 된다.

체험으로 만나는 마을 사람들

사람 이루기

사람들은 함께 살아가고 있다. 어떤 사람들은 서로에게 정말 무관심하기도 하고, 어떤 사람들은 혼자만 괜찮으면 된다고 생각하기도 한다. 가능하면 부딪히는 문제를 개인의 것으로만 보지 말고 공동의 것으로 보고 함께 해결해서 모두가 조화롭게 살아갔으면 좋겠다. 한국은 이웃과 이웃이 서로 정을 나누고 어려움을 함께 해결해 온 전통이 강했다. 하지만 산업화 과정에서 공동체보다는 개인이 어려운 문제를 해결하는 방식으로 변했고, 치열한 경쟁 속에서 돈과 명예, 권력을 목표로 정신없이 달려가는 사회가 되었다. 이처럼 전통적인 가족

관계, 이웃 관계가 해체되면서 여러 가지 사회 문제들이 발생하게 되었다. 할머니, 이모, 삼촌이 돌보아 주던 아이들을 이제는 보육시설에서 선생님이 돌보아야 한다. 직접 키우고 재배하여 얻었던 음식 재료는 먼 나라에서 수입해 온 재료들이거나 공장에서 가공한 식품들로 채워지고 있다.

우리 아이들은 우리의 미래이고, 아이들은 나이가 어릴수록 자신을 둘러싼 주변의 환경과 생활에 직접적으로 연결되어 있다. 그러므로 아이들이 살아가는 지역사회가 건강해야 아이들의 성장에 바람직한 영향력을 미칠 수 있다. 직접 아이들을 만나는 교사와 부모님뿐 아니라 마을의 모든 구성원이 함께 건강해야 하고, 우리 아이들 양육에 관심을 갖고 함께 키워야 한다.

황주석 선생은 마을 '만들기'보다는 '이루기'가 더 적절한 표현이라고 말한다. 마을을 이루는 주체들이 자발적 참여와 협동, 자치의 과정으로 마을을 가꾸어 가자는 의미이다. 마을의 구성원 하나하나가 마을을 이루어 가야 하는 주체라고 본 것이다.

아기스포츠단 교육에서 '마을 전체가 학교'라는 의미는 자연을 포함한 공간적인 부분, 즉 일상적인 생활공간에서 일어나는 배움과 더불어 마을 사람들과의 관계에서도 배움이 일어난다는 이야기이다. 마을을 이루는 사람들이 만남 속에서 마음을 나누고 힘을 모아 가까이에 있는 공동체 혹은 함께 살아가는 마을 사람들이 조금씩 더 행복해지고 건강하게 되어 공동의 선한 뜻을 이루고, 거기에서 발생되는 힘은 마을을 넘어 우리가 함께 살아가는 세상을 변화시킬 수 있다는 믿음이다. 좋은 사람들이 모여서 살면 살기 좋은 마을이고 그렇지 않은 사람들이 모여서 살면 살기 힘든 마을이 될 것이다. 내가 살아가는 마을이 살기 좋은 마을이 되려면 내가 좋은 사람이 되면 된다. 좋은 사람은 혼자 잘 살아서 좋은 사람이 아니라 옆의 사람에게 좋은 영향력을 미치는 사람이다.

아이들은 단순히 외부의 자극을 느끼고 받아들이는 수동적인 존재만은 아니다. 아이들의 자람을 보면서 어른들도 아이들이 살아갈 미래를 고민하게 되고, 생활 속에서 삶의 가치를 올곧게 세워 서로에게 영향을 주고받으며 어른들도 성숙해진다. 아이들은 이런 어른들의 삶을 보며 배우고 성장하게 된다. 좋은 사람이 되어서 좋은 마을을 이루자. 그 속에서 성장하는 아이들이 좋은 사람이 될 수 있도록 돕자.

더불어 살아가기

아이들을 아기스포츠단에 보낸 엄마들 중에 오전 시간이 가능한 엄마들이 모여 누군가를 돕는 일을 해 보자는 고민을 나누었다. 누구나 의미 있는 활동을 하고 싶어 하지만 혼자서 시작하기는 쉽지 않다. 이렇게 아기스포츠단 엄마들이 모였고 '그룹홈'에 방문하여 할 수 있는 일을 찾아보기로 뜻을 모았다.

그룹홈은 가정이 해체되었거나, 아이를 학대하거나, 너무 빈곤하다는 이유로 방치된 아이들에게 가정과 같은 분위기의 주거 공간에서 돌봄서비스를 제공하는 소규모 아동보호시설이다. 아기스포츠단 엄마들은 아이들이 없을 때 살짝 가서 청소라도 도와드리자는 생각이었다. 몸도 마음도 힘들고 지친 생활지도사 선생님도 돕고, 아이들이 생활하는 공간이 좀 더 쾌적해지게 청소하자는 것이었다. 엄마들의 활동은 즐겁게 시작되었다.

이곳의 아이들을 보면 마음이 아프다. 한참 크고 있어서 어디로 튈지 알 수 없다. 부모가 돌아가신 경우도 있으나 살아 있는 경우에는 마음 한 켠에 어쩔 수 없는 그리움과 원망이 자리하고 있다. 아빠와 엄마가 있고 아늑하고 따뜻한 가정에서 어려움 없이 지내는 우리 아기스포츠단 친구들은 정말 행복한 아이들이다.

결국은 한 마을에서 힘겨운 상황에 놓인 친구들도, 단란한 가정에서 어려움 없이 자라는 친구들도 더불어 살아간다. 아기스포츠단 활동을 통해서 지역의 어려운 아이들이 조금 더 따뜻한 사랑과 관심 속

에서 자랄 수 있다면 살아가는 환경의 차이에서 오는 격차, 상실감이 줄어들 것이다. 마을 사람들의 격정도 함께 줄어든다고 생각된다.

봉사활동을 할 때마다 참 아름다운 미소를 본다. 시간과 마음을 내어 즐겁게 그룹홈 공간을 청소하는 엄마들의 얼굴에서 말

봉사 활동을 마치고 그룹홈 아이들의 소식을 나눈다.

이다. 필요한 물품 리스트를 알리니 얼른 준비해서 보내주었고, 집 반찬을 만들면서 약간을 더 만들어서 보내주었다. 엄마들의 마음과 정성에 감동한다. 계단 청소까지 하니 이웃 주민들도 지저분했던 공동 공간이 깨끗해졌다며 좋아한다. 아마 그룹홈의 아이들을 볼 때 이웃들도 한 번 더 관심을 가질 것이고 한 번 더 웃어줄 것이다.

이런 활동을 하면서 엄마들이 서로 만난다. 의미 있는 일들을 함께 하며 아이들 키우면서 힘든 점을 얘기하다 보면 자연스레 건강한 육아의 방향을 교환하게 된다.

'다만 내 아이에 그치지 않고 가정과 지역사회를 건강하게 가꾸는 데도 관심을 두게 되었다'고 함께한 엄마가 말한다. '처음에는 우리 애만 바라봤는데 봉사활동을 하다 보니 주변이 함께 보이더라'며 '우리 애가 필요한 게 있으면 이곳에 있는 아이들도 필요한 게 있을 것 같다는 생각이 들었는데 다른 엄마들도 마찬가지였다'고 귀띔해 주었다.

아기스포츠단 엄마들을 통해 우리 지역이 사랑으로 가득하고 우리 모두의 아이들이 아무런 탈 없이 행복하고 건강하게 자라기를 기대한다.

최근에 '꿈꾸는 엄마들'이라는 인형극 동아리가 시작되었다. 아기스포츠단 엄마들과 지역 엄마들이 함께 했다. 어린이 청소년들의 건강하고 안전한 생활을 바라고 민주 시민으로서 잘 성장하여 폭력과 왕따 없는 학교생활을 하자는 내용의 인형극이며, 지역의 어린이들에게 보여 준다.

갈등이 무엇인지 평화가 무엇인지 공부하여 요즘의 어린이 청소년들에게 꼭 들려주고 싶은 이야기를 극으로 꾸몄다. 이런 과정을 통해서 아이들 사이에 팽배하고 있는 폭력의 기운을 평화의 기운으로 바꾸기 위한 노력을 한 걸음씩 해 나가고 있다.

구입할 수도 있지만 굳이 바느질하고 풀칠하고 붙여서 직접 인형을 만들었다. 그 과정에 우리 모두의 아이들이 몸도 마음도 아프지 않고 건강하게 잘 성장하기를 바랐고, 이런 엄마들의 진심이 인형에 스미

고 그 간절함이 극으로 잘 보여지기를 바랐다.

공연을 준비하면서 다른 이웃들의 도움을 받았다. 연예계 활동 경험이 있는 아기스포츠단 부모 중 한 분이 직접 지도를 해 주었다. 또, 대학로에서 흥행 중인 '죽여주는 이야기'를 관람할 수 있도록 초대도 해 주었다. 전문 공연팀의 작품을 보면 감정을 살리는 움직임, 대사, 극의 흐름 등을 배워 좀 더 멋진 표현 방법들을 익힐 수 있게 된다.

아기스포츠단은 아이들만 배우는 것이 아니라 학부모이자 마을의 주민들도 아이들을 함께 키우며 배운다는 걸 다양한 통로로 전하고 싶다.

고마운 분들께 전하는 마음

아이들과 함께 밖으로 나가는 교육을 하다 보면 여러 기관들을 방문하게 된다. 그리고 기관에서 제공하는 다양한 서비스를 체험할 수 있다. 이처럼 마을 곳곳에는 공공기관을 포함하여 마을과 관련한 여러 가지 일을 하는 사람들이 있다. 아이들과 함께 마을에 다니다 보면 마을을 이루고 있는 이런 사람들에 대해서도 관심을 갖게 된다. 누구 한 명의 도움과 그 사람의 역할 없이는 우리 삶의 일부분이 다 채워지지 않거나 불편함을 겪는다는 것도 알게 된다. 당연히 감사하는 마음이 저절로 생기게 된다. 고마운 이웃들에게 편지 쓰기를 해 보았다. 차량 기사 아저씨, 조리사 아줌마에게도 편지를 썼다. 매일 도움을 받고 살지만 자칫 당연하게 여겨 감사하다는 생각을 미처 못 할 수 있기 때문이다.

아이들이 곁에 있는 사람에 대한 고마운 마음을 느낄 줄 알고, 표현 할 줄 알면서 살아갔으면 좋겠다. 특히 누구나 하기 싫어하거나 하기 힘든 일을 해 주시는 분들을 보면서 직업이니까 당

연히 해 주는 것이 아니라 궂은일을 나를 대신하여 해 주신다는 것을 알았으면 좋겠다. 돈이면 다 해결되는 세상이 아니라 보이지 않는 곳에서 노력하는 사람들이 있어서 세상을 잘 돌아가게 한다는 것을 알고 감사할 줄 아는 마음을 가졌으면 좋겠다.

할아버지 할머니

산업화 이후 가족 형태도, 삶의 양식도 바뀌면서 우리 사회는 갈수록 삭막해져 가고 있다. 우리네 삶과 문화, 역사의 산 증인이신 어르신들과 만날 기회도 점차 줄어들고 만남이 줄어드는 만큼 존경심이나 친근감도 줄어드니 안타까운 일이다. 마을에서 배운다는 것은 우리 선조들의 삶의 모습을 통해 배운다는 것이다.

YMCA 친구들이 동네 나들이를 나갈 때면 마실 나온 어르신들이 관심을 가져 주고 인사도 나눠 주고 시원한 나무그늘 벤치 아래로 아이들을 초대해 준다. 귀엽다고 웃어 주고, 내 손주 대하듯 사랑스런 눈빛으로 손도 잡아 주며 몇 마디 건네는 이야기들에 따사로움과 정겨움이 가득 묻어난다. 때론 간식까지 챙겨 준다. 맛있는 것 사서 먹으라고 용돈을 쥐어 주는 경우도 있었고 규칙적으로 나들이를 나가다 보니 미리 부침개나 감자를 준비해 두었다가 나눠 주기도 하는 할머니도 있다.

산책로에서 만나기도 하지만 일부러 주간노인보호센터나 동네 노인정을 찾아가기도 하였다. 그래서 마음을 나누는 날짜를 정기적으로 잡아서 기념해 보기로 했다.

잘 알지도 못하고 어떤 의미가 있는지 잘 모르는 기념일들이 많다. 밸런타인데이, 화이트데이, 빼빼로데이, 심지어 할로윈데이까지 있다. 어린이와 학생들이 이런 날짜를 잘 챙기는데 우리의 절기는 잘 알까?

농사를 짓던 우리 민족이 자연의 변화와 계절의 흐름에 맞추어 오랫동안 지켜 왔던 기념일들을 찾아보고 싶었다. 이를 살리는 활동을 시작했다. 견우와 직녀의 사랑에 대한 사연이 담긴 칠월칠석에 사랑의 마음을 나누는 행사를 했으면 했다. 노인정과 주간노인보호센터에서 적적해 할 할아버지, 할머니들을 찾았다. 그동안 YMCA에서 배운 노래나 율동을 아이들이 하기로 하고, 인절미도 한 말 맞추어 할아버지 할머니를 뵈러 갔다. 거창한 발표회는 아니어도 노래 한두 자락 불러드렸고, 어르신들은 즐거워하셨다. 아이들은 할아버지, 할머니에 대하여 관심을 갖게 되었고 함께 어울려 살아간다는 의미를 조금이나마 느끼게 되었다.

지역 노인회에서 실버 인형극단을 운영하는데, 그분들을 초청하여 인형극 공연을 보았고, 전래 놀이 지도사 할아버지 할머니들과 신나는 전래 놀이도 경험해 보았다. 할아버지 할머니가 되어도 이렇게 재미있는 인형극을 직접 공연해 줄 수도 있고, 우리가 아는 신나는 전래 놀이들은 할머니와 할아버지들이 어릴 때 놀던 놀이가 전해지고 전해져 온 것이라는 사실도 알게 되었다.

짧지만 인상 깊은 만남들 속에서 아이들은 세대 간에 소통하는 과정을 본다. 젊은 사람들만 어르신들에게 기쁨을 드리고 무언가를 보여 드리는 것이 아니다. 100세 시대를 맞이하여 충분히 활동이 가능한 할머니와 할아버지들도 젊은이들을 위해서 열정적이고 멋진 활동을 보여 줄 수 있다. 이러한 만남들을 통해서 아이들은 여러 가지 삶의 모습을 만나게 된다. 할아버지와 할머니의 따뜻한 사랑과 정, 그리고 지혜를 아이들이 전해 받으며 자랐으면 좋겠다.

네가 행복해야 나도 행복하다

통합교육, 그리고 제도

많이 가진 사람도, 적게 가진 사람도, 힘든 사람도, 그렇지 않은 사람도 함께 사는 것이 세상이다. 물론 소득에 따라 사는 집은 다른 동네에 위치할 수 있지만, 거리에서도 시장에서도 어디에서건 우리는 모두 부딪히고 만난다.

아픈 아이들이 많아지고 있다. 태어날 때부터 몸이 불편한 친구들도 있고, 출생 이후의 양육 환경 때문에 불편을 겪는 친구들도 있다.

장애 아동이 별도의 시설과 다른 세상에서 따로 교육받고 생활하는 현실이 바뀌었으면 좋겠다.

일부에서 통합교육을 하기도 하지만 너무 미미하다. 여전히 유치원도, 학교도, 전문기관이라는 이름으로 장애를 겪는 아이들을 분리해서 키우고 있다. 그렇게 분리하고 구분하니 통합은 멀고 먼 일이다. 어릴 때부터 몸이든 마음이든 불편한 친구들과 그렇지 않은 친구들이 함께 어울려 살아가는 연습을 해야, 성인이 되어서도 불편함을 지닌 이웃과 자연스레 함께 어울려 살아갈 수 있을 것이다. 불편해 보이는 사람을 보면 색안경을 낀 시선들이 여전하다.

아기스포츠단이 스케이트나 수영 등 몸을 쓰는 체육활동을 많이 하기 때문에, 오히려 불편하더라도 움직일 정도의 체력이 되는 아이들에게는 더 적절하고 필요한 교육이라고 생각한다. 언어 발달이 느린 아이들은 말을 재잘재잘 잘하는 친구들과 사귀어야 말을 더 잘 배울 것이고, 신체 발달이 느린 친구들은 잘 뛰어노는 친구들과 자꾸 같이 활동을 해야 더 움직이고 싶은 마음이 들 것이다.

현실적으로 아이들을 보조해 줄 수 있는 인력이 없어서 한계가 컸지만, 그래도 통합교육을 해 보려고 노력했다. 아기스포츠단과 같이 운영되는 어린이집이 있었기에 가능했다. 어린이집에 장애통합교사 1명이 배치될 수 있도록 장애통합시설로 신청을 했었기에 인력 충원이 되었고, 누리과정 지원을 통한 보조 선생님이 계셨기에 장애통합을 할 수 있었다.

아이들은 어른처럼 체면치레가 없기 때문에 수업 시간이라도 재미

없으면 돌아다니고, 답답하면 밖으로 나가 버린다. 그래서 안전을 위해 반드시 보조 인력이 필요하다. 다른 활동은 별로 좋아하지 않는데 물놀이를 유독 좋아하는 아이가 있었다. 그 친구는 다른 수업 시간에는 재미가 없는지 밖으로 계속 나가려 했지만 수영장에 가면 표정도 밝아지고 계속 물에 들어가서 놀이를 하고 싶어 했다. 평소에는 무표정이었는데 물속에만 들어가면 즐거워하던 표정이 지금도 생생하게 떠오른다.

또 한 친구는 다른 발달은 느렸지만 다른 아이에 비해 신체가 빨리 발달하여 무척 키가 큰 아이였다. 아이들은 이 친구와 매우 즐겁게 놀았다. 이 아이는 마치 아빠가 아이를 안아서 돌리듯 친구들을 번쩍 안아서 빙글빙글 돌려 아이들이 무척 좋아했다. 평소에도 아이들은 서로 잘 어울려서 놀았고 도움이 필요한 순간에는 서로 나서서 도움을 주곤 했다. 장애는 어른들의 생각 속에나 존재하는 것이지 아이들의 시선에는, 아이들의 마음에는 벽도 없고 장애도 없다.

지금은 그 아이들이 떠났다. 8세가 되어 졸업을 하기도 했고 인력 지원이 끊겨서 통합교육을 하기 어려워졌다. 통합교육에서 기본은 아이

아기스포츠단 장애통합교육 과정에서 함께 배웠던 매스 게임이 지역 장애인 복지관 주최 축제에 초대되었다.

들을 안전하고 편안하게 돌봐 줄 수 있는 인력이다. 정부에서 평가인증 받은 기관만 통합기관으로서 지원해 준다고 해서 지원을 포기했다.

나는 지금의 어린이집 평가인증 제도에 반대한다. 그래서 교사들과 협의하여 평가인증을 거부하고 있다. 어린이들은 물건이 아니기 때문에 단 몇 시간 인증단이 와서 살펴보는 순간의 모습과 서류들로 그 어린이집과 교사들이 잘하고 있다고 평가를 할 수 없다고 생각한다. 100가지 종류에 가까운 서류들은 안 그래도 힘든 업무에 시달리는 교사들을 더 고통스럽게 만들고 있다. 시설 투자는 아이들에게 더 중요한 것들을 뒤로하고 보이는 것에다가 재정을 쓴다. 가뜩이나 어려운 상황에서 보이는 부분에만 재정이 들어가니 안타깝다.

하루 몇 시간 동안 평가인증단이 와서 잠깐 본 겉모습을 가지고 어찌 아이들을 잘 돌본다고 평가를 할 수 있단 말인지. 그 결과가 지금의 현실을 보여 준다. 평가인증 95점을 맞은 시설이나 국공립 시설에서도 아동 학대 사건이 끊이지 않는 현실 말이다. 아이들은 매 순간 성장하고 매 순간 주변에서 전해지는 에너지, 언어, 눈빛, 기운들 속에서 자란다. 3년에 단 하루에서 단 몇 시간을 살펴보고 점수를 매기는 평가 방식은 바뀌어야 한다.

하루에 아이들이 바깥에서 얼마나 신나게 뛰어놀 수 있는지, 아이들이 하루에 몇 번이나 즐겁다고 깔깔대고 웃는지, 아이들이 혼자 보내는 시간보다 친구들과 어울려 놀이하는 시간이 얼마나 되는지, 아이들이 얼마나 좋은 식재료로 맛있는 식사를 골고루 잘하는지, 매일 굵은 똥을 잘 싸고 낮잠을 푹 자는지, 엄마한테 유치원 혹은 어린이집에 가고 싶다고 몇 번이나 이야기하는지, 선생님과 친구들이 보고 싶다고 얼마나 이야기하는지 등등. 그렇게 평가하는 인증이라면 어느 정도 믿을 만하겠다. 아이들에게서 자연스럽게 나오는 것들로 이루어지는 평가여야 한다. 형식적인 서류들로 교사가 평가단 앞에서 얼마나 아이들에게 잘해 주는 척 하는지를 보고 점수를 주는 평가는 사라졌으면 한다.

덧붙여 대한민국 엄마들에게 한마디 더 보탠다. 보육료 지원해 준다고 직장도 안 다니는데 어린 아기들을 어린이집에 맡기지 않았으면 한다. 지금 우리나라 보육 현장은 매우 열악하다. 돌 지난 아이들을 선생님 혼자서 5명이나 돌보게 되어 있다. 두돌 지난 아이들은 혼자서 7명이나 돌보게 되어 있다. 보육교사에게는 여러 개의 쭉쭉 늘어나기도 하는 가제트 팔도 없고 소머즈의 능력도 없다.

왜 엄마들이 들고일어나지 않는지 나는 궁금하다. 왜 보육시설에 맡기는 아이들에게만 많은 지원금을 주고, 집에서 키우는 엄마들에게는 기관에 보내지는 아이들의 20~30%의 비용만 양육수당으로 주는지 항의해야 한다. 집에서 아이를 키우는 가정에도 같은 수당을 지급

하라고 따져야 한다.

그리고 아무리 보육 현장이 훌륭하다고 해도 태어나서 서너 살까지 아기에게는 엄마의 품만 한 곳이 없다. 조금 자라서 친구가 필요하고 자기 의사를 표현할 줄 알고, 그때가 되기 전에는 엄마가 아이를 키워야 아이가 건강하고 행복하게 잘 자랄 수 있다.

한 아이를 향한 전적인 관심과 절대적인 사랑, 끊임없는 애정과 스킨십, 아기 때는 단체 생활이 아닌 개별적 발달 상황이나 특성에 맞는 개별 양육이 중요하다. 물론 배울 만큼 배우고 능력도 있는 여성들이 얼마나 살림과 육아로 답답해 하고 스트레스를 받는지 잘 안다. 나 또한 잠깐 집에서 아이를 키우는 시기에 나도 모르게 우울증에 빠졌었으니까.

제대로 된 보육 현장은 준비도 안 해 놓고서 국가가 육아를 책임질 테니 아이를 낳으라고 떠들어대는 국가가 아니라, 사회적으로 가정육아에 대한 가치를 높여 가려는 인식과 아빠가 되었든 엄마가 되었든 아기가 어린 시기에는 부모가 아이를 키울 수 있는 제도가 뒷받침되어야 할 것이다. 한 사람이 벌어도 아이 분유 값 걱정 안 하고 키울 수 있는 여건이 마련되어야 한다. 장애가 있는 아이들도 불편함 없이 친구들과 어울려 지낼 수 있도록 충분한 시설과 인력이 뒷받침되어야 한다.

아픈 아이도, 건강한 아이도 마을에서 함께 통합되어 성장할 수 있도록 해 나가는 것이, 또한 현실적인 제도들도 아이들에게 더 바람직하고 건강한 방향으로 바꾸어 나가고 만들어 나가는 것 또한 중요한 배움과 성장의 과정이라고 믿는다.

자연이 살아야 사람도 사는 것

YMCA 유아 교육은 생명 중심의 교육이다. 생명의 질서는 서로 살리고 함께 살아가는 모양의 질서이다. 많은 사람들이 오직 인간만의 이익을 위해 자연을 대상화하여 함부로 망가뜨리고 이용해 왔다. 그 결과 생태계는 혼란에 빠졌고, 결국은 생태망의 일부분인 사람들의 미래에도 커다란 위기가 찾아왔다.

YMCA에서의 활동 재료는 가능하면 나무나 풀, 종이 등 땅에 버려져도 잘 분해되어 문제없는 자연친화적인 재료들을 사용한다.

또한 교육 과정 안에 자연환경의 오염 원인에 대하여 살펴보고자 한다. 예를 들어 일회용품을 사용하지 않는다든지, 아기스포츠단에서 휴지 대신 손수건을 사용한다든지, 음식을 남기지 않는다든지 하는 활동 등을 포함하여, 환경 오염을 극복하기 위해 어떤 것을 할 수 있는지를 배우고 실천하는 삶의 태도를 가지려고 노력한다.

지역에서 생산한 먹을거리, 가능하면 화학성분을 뿌리지 않은 건강한 식재료를 사용하려고 노력하고 있다. 수입 농산물이 싼값으로 대량 들어오고 있는

현실 속에서 우리 농민들이 생산한 먹거리를 이용하고, 가까운 곳에서 재배된 농산물 등을 애용하는 것이 지역을 살리는 길이고 땅을 살리는 길임을 잊지 않으려 한다. 이렇게 바른 먹을거리 문화를 만들어 가려 애쓴다. 가까운 공터나 텃밭, 옥상 등을 이용해 농작물을 재배하여 먹을거리의 성장 과정을 살펴보며 생명의 순환을 배운다.

농부가 사라지고 우리 땅에서 나는 먹을거리가 사라지는 날이 오지 않도록, 다국적 기업의 장삿속에 우리의 생존권이 바람 앞의 등불처럼 위태로워지는 날이 오지 않기를 간절히 바라면서 활동한다.

교육 과정으로 정기적으로 나눔 장터를 연다. 내가 사용하지 않는 물건들, 장난감이나 옷들을 가지고 와서 친구들이 가지고 온 물건들과 바꾸어 가는 경험을 해 보면서 불필요한 소비와 쓰레기를 줄여 지구를 사랑하는 방법을 익힌다. 친구들과 가정과 마을에서 일어나는 여러 가지 소식들에 관심을 가지고 이야기를 담아 신문을 만들어 보았다. 우리 집에, 혹은 옆집이나 동네 어디어디에 무슨 일이 있었는지

아이들은 잘도 알고 있다. 그리고 문제 상황에 대해서도 이야기를 꺼낼 때가 있다. 마을의 위험한 곳, 마을의 지저분한 곳, 우리가 관심 가져야 하는 부분들에 대하여 자연스럽게 이야기를 꺼내는 아이들도 있다.

아이들과 이러한 일상의 활동들을 통해서 자연이 건강해야 나도 건강하고, 우리 동네가 살기 좋아지면 내가 살기 좋아진다는 것을 알아 간다.

YMCA 교육 과정은 자연과, 또한 사람들과 화해하고자 하는 마음이 담겨 있다. 마을의 바탕이 되는 자연환경인 땅, 물, 공기, 나무, 풀 등 만물이 본연의 모습을 회복할 수 있기를 바라며 진행하는 교육 과정이다. 이를 위해 당장 표시는 나지 않지만 할 수 있는 방법들을 실천한다.

마을에서 만나는 모든 존재들, 모든 사건들, 모든 생명들을 통해 결국은 내 삶의 변화와 실천이 마을을 건강하게 가꾸고, 내가 성장하는 기반이 된다는 것을 알게 된다. 이것이 YMCA가 마을을 통해 아이들과 배워 나가는 소중한 과정이다.

아기스포츠단은 '마을이 배움터'의 가치를 통하여 건강한 교육운동이 지속 가능한 미래를 열어줄 거라고 믿는다. 이는 따뜻한 나눔과 사랑에서 비롯된 움직임이 지역 주민들의 삶에 꿈틀거리는 살맛나는 세상을 만들어 가자는 흐름이며, 우리가 살아가는 마을에서 희망을 찾고자 하는 움직임이다.

5

엄마, 아빠도 함께
공부하자

왜 공부해야 할까

어릴 적 밥상 앞에 앉으면 항상 아버지가 숟가락을 들어야 그제야 숟가락을 들고 밥을 먹을 수 있었다. 집안의 가장 큰 어른이셨던 아버지를 공경하고 나름의 질서를 배울 수 있다는 것은 가장 기본적인 배움이며, 돈을 주고도 배울 수 없는 큰 배움이었다. 형제는 많았고 나누어야 할 것은 별로 없었지만 서로 양보하고 나누었다. 가정은 더 많이 갖고 있다면 없는 형제에게 나누는 마음들을 배울 수 있는 큰 배움터의 역할을 해 왔다. 그 가정 안에서 교육이라는 거창한 이름은 아니더라도 사람답게 살도록 항상 가르치던 부모가 있었다. 그 시절 부모는 글을 많이 읽지도 않았고 배움 또한 짧았지만, 자식에게 사람으로서의 도리와 세상의 진정한 가치가 어디에 있는지를 끊임없이 일깨워 주었다.

'가학'이란 가정교육을 말한다. 옛 선인들은 가학만 잘 받아도 수준

높은 학덕을 지닐 수 있었다고 말한다. 그만큼 가정교육이 중요하다는 의미이다. 그런데 현대 사회에서 아이가 태어나 처음 만나는 작지만 큰 배움터인 '가정'이 변하고 있다. 그 안에 부모의 역할도 변화하고 있다. 현대 사회의 가정들은 지난 산업화 과정을 겪으면서, 그리고 제도교육과 사교육으로 인해 텅텅 비고 무능해져 버렸다. 또한 부모들의 가정교육에 대한 인식조차도 변화하여 가정에서 익혀야 할 최소한의 기본 생활 습관까지도 교육기관에 전가하고 있다.

이렇듯 변화한 사회구조에서 부모가 올바르게 자녀 교육을 이해하고 더불어 건강하게 실천할 수 있도록 도울 필요가 있다. 교육기관은 아이에 대한 이해를 높이는 속에서 핵가족화로 인한 양육 정보의 부족을 충족시키고, 또래의 아이들이 있는 부모들을 서로 연결해 주는 역할을 고민해야 한다. 그렇게 부모 교육의 중요성을 인식해 나가야 할 것이다.

아이들은 어릴수록 자신을 둘러싼 주변 환경과 생활에 영향을 많이 받는다. 특히 아이와 밀접한 관계를 맺고 있는 부모가 아이에게 가장 직접적인 영향을 미친다. 아이들은 주변 환경에서 일어나는 일들을 통해 보고 듣고 느끼는 것을 그대로 모방하여 받아들인다. 부모의 가치관, 습관, 언어, 감정, 행동 등 모든 부분들이 아이들에게 전달되기 때문에 부모가 건강하면 아이도 건강하게 잘 자랄 수 있다. 그러므로 부모를 비롯한 주 양육자와 아이들의 교육을 담당하는 교사들, 즉 아이들의 성장에 영향을 주는 주변 성인들의 중요성을 더욱 강조해야 한다. 이것이 교사와 부모의 교육 영역이 유아 교육 과정에서 더욱 깊이 있게 다뤄져야 하는 이유이다.

부모 교육은 부모의 양육 방식에 대한 객관적 이해를 돕고 욕구에 맞게 잘 양육하기 위함이다. 모든 부모는 자식을 잘 키우고 싶고, 아이가 건강하고 행복하기를 바란다. 그러나 아이와 관련한 문제 행동이 발견되면 부모는 객관적인 판단을 하기 어렵다. 하지만 이런 순간 아이의 기질적인 요인, 부모의 양육 방식과 태도, 유아 교육기관에서의 또래 관계나 교사와의 관계 등을 객관적으로 바라보고 양육의 전반적인 여건과 환경을 검토하여 변화를 시도할 필요가 있다.

YMCA에서는 아이들에게 영(Spiritual)·지(Mind)·체(Body)의 균형 잡힌 성장을 위하여 기본 생활 습관을 몸에 익히고 공동체성을 이해하는 데 중점을 두어 아이들 상호간의 배려와 나눔을 교육한다. 또한 나 개인의 시야에서 한 걸음 나아가 내가 살고 있는 주변 환경의 소중함과 생명체에 대한 경이로움을 느끼고 존중하며 자연의 일체감을 가질 수 있는 아이들로 커 나갈 수 있도록 돕고 있다. 하지만 이러한 교육이 생활 속에서 실현되려면 부모의 참여가 없이는 불가능하다는 것을 절감한다. YMCA에서는 자기 아이에게만 집중하는 이기적인 부모가 아니라 아이들의 전인적인 발달을 위해 자기 자신의 '부모됨'을 위해 공부하고 노력하는 '부모'이기를 원한다. 그래서 부모 교육은 부모로 다시 태어나기 위한 교육의 시간이 되고, 이러한 교육이 단순히 배우고 익히는 데 머물지 않고 배우고 익힌 것을 나눔으로써 진정한 배움으로 승화되는 데 중점을 둔다.

부모 교육으로 성장한 부모가 자신의 가정에서 올곧게 자녀를 교육해 나가고, 자신의 자녀 뿐만 아니라 자신의 자녀와 더불어 세상을 살아 나가야 하는 모든 아이들을 내 아이처럼 소중히 여기며 함께 교육해 가는 과정의 중요성을 깨달았으면 한다.

엄마와 아빠의 모임들

부모들과 '아이를 어떻게 키울 것인가', '나만의 아이가 아닌 사회 속의 아이로 자라게 하려면 부모는 어떻게 해야 할까'에 대하여 생각을 나누고 다지는 활동이 필요하다. 이에 YMCA에서는 다양한 부모 교육과 모임들을 통해 성장의 기회를 마련하고 있다. 단지 내 아이만을 위한 것이 아니라 우리 모두의 아이들을 위한, 사회의 다양한 문제들을 함께 고민하고 실천해 가는 교육 과정을 준비하고 있다.

YMCA에서는 '반모임'―(교육에 참여하는 부모 모임), '섬김지기 모임' ―(부모님들과 교사 간에 징검다리 역할을 하는 모임), '아빠 모임'―(아빠의 참된 모습을 찾아가는 모임), '동그리'(동화로 그리는 세상, 동화책 읽어주는 엄마 모임), '부모 강좌'―(교육을 통해 성장하는 부모) 등 지역에 따라 다양한 부모 교육이 진행되고 있다.

반모임 ― 교육에 참여하는 부모 모임

YMCA 유아 교육에서 반모임(반별 부모 모임)은 어떤 의미를 가질까? 반모임을 시작하며 크게 세 가지에 주목했다. 교사와 부모 간의 소통, 부모와 부모 간의 소통, 부모들 간의 상호 학습 기회를 줄 수 있다고 생각했다.

먼저 반모임은 기본적으로 담임교사와 부모가 소통하는 자리이다. 담임교사는 교육 과정을 소개하고 가정 연계 활동이 필요하면 부모의 참여를 당부했다. 부모는 개별 상담을 받을 수는 없지만 학급 운영이나 교육 과정에 대하여 의견을 제시하거나 묻고 답함으로써 소통을 할 수 있다. 특히 YMCA에서 이루어지는 '바른 먹을거리 교육(공장과자 안 먹기 운동)', 'TV 끄기와 바르게 보기 교육', '생명환경 교육(숲 활동, 손수건·컵 가지고 다니기, 일회용품 안 쓰기 등)', 다양한 캠프 활동 등은 부모와 충분히 소통하여야 교육의 효과를 높일 수 있다. 부담스러운 만남이 아니라 아이를 중심에 두고 협력하는 시간으로 자리매김되면 교육의 질을 높이고 부모의 적극적인 참여도 끌어낼 수 있다.

교사와 전체 반 부모들이 정기적으로 만나는 반모임은 '부모와 부모의 소통' 창구 역할을 한다. 자기 아이들의 전달로만 들었던 반의 다른 아이들에 대한 오해를 풀고 편견을 내려놓는 자리가 반모임이다. 부모들은 대부분 자기 아이에게 전해 들은 말만 듣고 상대 아이를 판단하고 심지어 상대 부모에 대해서도 선입견을 가진다. 그런데 반모임에서 이런 부모들이 만나면 오해도 풀고 아이들 관계도 좋아지게 된다. 부모들끼리 사이좋게 지내면 아이들 사이도 좋아진다.

물론 이렇게 반모임을 통해 부모들이 만나도 양쪽 부모들의 교육관이 너무 다른 경우에는 큰 진전이 없기도 하다. 하지만 대부분 부모들이 서로 알고 지내면 아이들 간에 생긴 크고 작은 다툼을 예민하게 여기지 않고 아이가 자라면서 보이는 자연스런 행동으로 받아들인다. 이는 부모들 간의 갈등도 줄이는 효과가 있다.

YMCA 경험이 있는 부모가 반모임에 참석하면, 교사보다 훨씬 더 설득력 있는 경험담을 꺼내 놓기 때문에 YMCA 교육 방식을 더 지지해 주고 기우를 많이 해소시켜 주는 효과가 아주 크다. 이렇게 반모임은 아이들을 키우는 부모들이 YMCA를 통해 얻은 긍정적인 경험과 사례를 나누면서 서로 배우는 학습의 장이 된다. 또한 신입 교사들의 경우 반모임을 통해 부모들에게서 YMCA 교육에 대한 신뢰와 확신을 배우는 경우도 있다. 이는 기본적으로 YMCA가 회원 운동의 경험과 기반 위에서 부모를 교육 소비자로 보지 않고 교육의 주체로 보고 유아 교육을 펼치기 때문이라 생각된다.

반모임을 통해서 건강한 부모와 교사와의 관계를 만들어 가고 올바른 교육의 길을 함께 고민하고 나누고자 한다. 그동안 교사와 부모와의 관계가 단지 내 아이 하나만을 위한 관계였다면, 반모임은 내 아이뿐 아니라 우리의 아이들을 바라볼 수 있는 자리가 된다. 또래 아이들을 키우면서 갖는 고민과 경험들을 나누면서 지혜를 찾아가는 모임이 된다. 또한 YMCA가 추구하는 교육 목적을 일방으로 전달하는 게 아니라 서로가 의견을 교환하고 공유하며 확신을 다지는 자리로 아이—부모—교사가 함께 성장하는 모임이다.

다음은 반모임에 참여한 한 교사의 이야기를 정리해 보았다.

제일 나이 어린 반의 부모들이 모이는 첫 만남이었다. 마치 교회 예배를 보는 분위기로 엄숙하게 시작했다. 순서지에 따라 명상 글을 읽고 노래를 부르고 생활 나눔을 하자 부모들은 약간 당황스러워 했다. 부모들은 '무슨 말을 할까' 고민하다가도 '뭐야~ 이런 분위기였어? 왜 상담시간 아니었어?'라고 생각하는 듯했다. 누구의 엄마, 아빠였다가 자기 이름을 꺼내는 게 좀 쑥스러웠지만 이내 웃음이 빵 터지면 교실은 따뜻한 미소가 번졌다. 그렇게 사람들 마음이 편안해지면서 쉽게 말들을 꺼냈다. 나이와 직업은 다르지만 같은 연령대 아이들 키우다 보니, 저마다 비슷한 고민들을 하고 있었기 때문인가 보았다.

반모임 참석 이유를 물어 보니, 담임선생님이랑 통화만 하다가 직접 만나고 싶었고 또 교실은 어떻게 꾸며져 있는지 궁금했다고 한다. 우리 아이 입에 오르내리는 친구의 엄마들도 궁금했다고 한다. 반모임을 하다 보면 우리 아이가 말하던 그 아이의 엄마를 만나게 된다. 다음에 아이들 간에 소소한 다툼이 있더라도 '그때 반모임 때 만났던 그 엄

반모임에서 부모들이 '지끈 바구니 만들기'와 자기 소개인 '나는 이런 사람입니다'를 작성하는 모습. 그리고 반 활동에 대한 이야기를 나누고 있다.

마!' 하며 실마리를 금방 풀어 버릴 수 있게 되었다.

TV 끄기나 공장과자 안 먹기 운동 교육을 앞둔 반모임에서는 경험을 먼저 한 부모가 도움을 많이 주었다. 새로이 입학한 아이의 부모들은 말부터 생소하고 어찌할 바를 몰랐다. 교사가 이 운동의 장점을 알려 주는 것보다 실제 경험에서 나오는 정보들이 더 와 닿았다. 성공 경험뿐 아니라 실패 경험도 터놓았다. 'TV 끄기'는 주로 아빠들이 힘들고, '공장과자 안 먹기'는 엄마들이 힘들어 했다. 아빠들은 직장에서 돌아와 쇼파에서 편안하게 TV를 보는 게 낙이었는데, 'TV 끄기' 동안만은 그럴 수 없으니 힘들었다. 엄마들은 가공식품이 아닌 산, 들, 바다에서 나는 식재료로 밥상을 차리기 매우 힘들었다고 했다. 맞벌이 가정은 할머니, 할아버지가 아이를 돌보기 때문에 이 두 가지 모두 힘든 과제라고 했다. '공장과자 안 먹기' 기간에 아이들 간식으로는 뭐가 좋은지, 'TV 끄기' 동안 아빠와 아이가 뭘 하며 노는지, 할머니와 할아버지를 어떻게 설득해서 'TV 끄기와 공장과자 안 먹기'를 성공했는지 등 모임 때 다양한 정보를 얻어 갈 수 있다.

간혹 어떤 부모는 '내가 우리 아이한테 그동안 너무 잘못한 건 아닌가?'라는 생각도 든다고 했다. 모든 부모가 똑같은 생각을 갖도록 하자는 게 아니다. 아이들이 어떻게 하면 좀더 건강하고 아이답게 자랄 수 있을지, 반모임을 통해 함께 고민하자는 것이다.

섬김지기 모임 - 부모과 교사 간에 징검다리 역할을 하는 모임

YMCA 아기스포츠단에서는 각 반을 대표하여 반에서 이뤄지는 활동들을 서로 나누고 의견을 수렴하며 YMCA와 부모 간의 교량 역할을 할 수 있는 섬김지기(반 대표)를 선출하여 한 달에 한 번 모임을 갖는다.

YMCA 아기스포츠단의 모든 교육 과정은 가정과 연계하여 지속적으로 생활 속에서 자연스럽게 녹아들 수 있어야 한다. 아기스포츠단에 자녀를 보내 주신 모든 부모들이 교육 과정과 내용에 관심은 많지만 대부분 일상이 바쁘니 지나치기가 쉽다. 이에 조금 더 책임감을 가지고 우리 아이들의 올바른 교육에 대해 함께 고민하고 교육 과정에 참여하며 반 부모들의 생각들을 모아내는 역할을 하는 부모를 첫 반 모임에서 섬김지기(반 대표)로 정한다.

섬김지기(반 대표)의 역할은 각 반의 봉사자로서 YMCA의 모든 교육 과정이나 행사를 함께 계획하고 평가하며 YMCA 교육에 대한 다양한 의견들을 수렴하고 공유하여 계획에 반영될 수 있도록 한다. 아울러 부모 교육이나 반모임 등의 주제와 내용들을 함께 고민하고 만들어 가기 위해서는 섬김지기(반 대표)가 먼저 YMCA 교육 철학이나 교육 과정들을 잘 이해하는 섬김지기(반 대표) 모임이 필요하다. 가끔 부모 개인의 고민이나 불만, 개별적인 요구에 대해 힘들어 하는 경우들도 있지만 한 달에 한 번 섬김지기 모임을 통해 경험을 나누며 열린 마음을 갖게 되고, 이를 통해 서로 배우고 지혜를 얻어 나간다.

한 달에 한 번 각 반의 섬김지기가 모인다 .

어떤 모임이든 처음은 원활하지 못하다.
섬김지기 모임도 그랬다. 선생님도 처음, 참
여한 부모들도 처음이었다. 탐색하기도 하
고 의견을 내놓기도 하지만 선뜻 다 말하지
못했다. 괜스레 부정적으로 말해서 아이에
게 불이익이 돌아갈까 봐 걱정하는 분도 있

섬김지기 위촉장 수여식.

었다. 꼭 해야 할 말인데도 꺼내지 못한 채 좋은 이야기만 하는 경우
도 있었다.

의견을 자유롭게 내놓지 못한다면 섬김지기 모임을 하는 의미가 퇴
색된다. 그래서 섬김지기 모임에서는 한 아이의 부모가 아니라 반의
대표로서 발언을 해야 함을 강조한다. 이를 교사도 알아야 하고 섬김
지기도 깨달아야 한다. 한 회 두 회 모임이 거듭되면서 섬김지기들은
모임의 기본 취지를 공감하고 교육에 대한 이해의 폭도 넓혀 갔다.

섬김지기 활동을 했던 한 부모가 남긴 글을 보면 모임의 취지를 잘
설명해 주고 있다.

섬김지기는 부모들의 의견을 다 들을 수 없는 YMCA와 부모들 사이에 매개 역할을 하는
자리다. YMCA에서 공지한 일정대로 따라가던 이전과 다르게, 우리 아이들의 교육 계획
에 의견을 낼 수 있었다. 조정 과정을 거쳤지만, YMCA가 부모들의 의견을 기꺼이 받아 주
어서 고마웠다.

섬김지기는 반 부모들을 대표하여 선생님과 소통한다. 또한 반 부

모들의 의견을 모아서 섬김지기들 모임에서 논의하고, 그 결과를 반에 돌아와서 부모들과 공유한다. 섬김지기들은 처음엔 어색해 하고 부담스러워 하지만 모임의 횟수가 늘수록 서로 가까워졌다. 1년이 지나면 반 부모들과 어떻게 소통하는지, 어떻게 의견을 모으고 갈등이 있으면 어떻게 푸는지를 경험하면서 훌쩍 성장한 자신을 확인하게 된다.

아빠들의 모임 – 아빠의 참된 모습을 찾는 모임

지금은 아빠가 자연스럽지만 한 세대 전만 해도 아버지로 불렸다. 우리 아버지들은 바쁘다. 직장에 매여 있어서 아이들과 함께 노는 일상을 꿈꾸기에는 너무 바쁘다. 아버지들이 가계를 책임지는 게 당연하게 여겨진다. 또, 아버지는 권위적인 모습도 있다.

90년대 초 경제적으로 좀 나아지면서 가정에서 아버지의 위상을 제대로 세워야 한다는 자각이 일어났다. 이에 YMCA는 뜻있는 분들이 모여 아버지 교육을 진행하면서 '아버지 모임'이 만들어졌다. '건강한 가정 만들기, 자녀 사랑을 실천하는 아버지'를 목표로 좋은 아버지

모임을 결성하여, 가족 간 실천인 가족회의 하기 운동을 전개하기도 하였다. 모임은 자녀와 소통하는 방법을 서로 교류하기도 하고 아버지로서 산다는 것의 힘겨움을 나누기도 했다.

아버지 모임은 결성된 지 20여 년이 지나면서 회원과 자녀의 연령이 높아짐에 따라 활동 내용과 방향이 생애주기에 맞추어 자연스럽게 전환되었다. 현재는 아이들의 연령대가 같은 '아빠 모임'을 하고 있다. 좋은 아빠 모임은 좋은 아버지, 좋은 어른이 되기 위한 평범하고 소박한 모임이며, 놀이와 대화를 통해 아이를 이해하고 올바로 교육시키고자 하는 모임이다. 또한 바람직한 아빠 상을 고민하고 아이들이 살아갈 세상을 위해서 여러 실천을 하는 모임이며, 가족을 위한 희생이 아닌 가족 공동체와 함께 배우고 성장하는 모임이다.

이런 활동들을 통해 아빠들은 스스로 내 아이뿐 아니라 다른 아이들과도 무엇을 함께 할 수 있을지 찾아 나가기 시작하였다.

제빵사인 아빠 한 분은 아기스포츠단 강당에 제빵 기구들을 준비하여 아이들과 아빠들에게 케이크 만드는 방법을 알려 주었다. 아빠랑 아이가 다정하게 앞치마를 두르고 도란도란 다정하게 케이크를 굽는 모습은 드라마 속의 한 장면 같았다.

배 밭 농장을 하는 아버지 한 분은 아이들과 아빠들을 농장으로 초대하였다. 가을엔 배를 따고, 겨울엔 배나무 사이로 눈썰매를 타며 신나는 한때를 보냈다. 아빠들은 모닥불을 피워 고기를 굽고 배고픔도 잊은 채 뛰어노는 아이들의 입속에 고기를 쏙쏙 넣어 주기도 하였다.

공군에 복무하는 한 아빠는 아이들을 부대로 초청해서 멋들어진

비행기에 타 보는 즐거움을 선사했다.

건축 관련 직업을 가진 아빠는 다른 아빠들과 함께 목재를 준비하여 예쁜 벤치를 직접 만들어 주었다. 아이들은 벤치에서 동화책도 읽고 친구들끼리 앉아 재밌게 놀기도 하였다.

아기스포츠단이 이사를 할 때는 아빠들이 나서서 짐을 나르고 페인트칠을 도왔으며, 유리에 예쁜 그림을 그려 주었고 청소도 깔끔하게 해 주었다. 아빠들이 가진 솜씨로 아이들의 새로운 배움터가 예쁘게 꾸며졌다.

아빠들은 아이들의 새로운 생활공간을 정기적으로 청소해 준다. 아이들과 매일 씨름하면서 선생님들이 얼마나 힘들고 고생이 많겠냐며, 선생님들이 치우기 힘든 무거운 가구들을 옮기고 구석구석 깨끗하게 청소해 준다. 이렇게 먼지가 많은 데서 우리 아이가 어떻게 생활하냐며 항의를 할 부분인데, 교사와 아이의 일상을 가까이서 알게 된 아빠들은 그것을 함께 해결해야 할 과제로 보고 직접 도움을 준 것이다.

아래 글을 보면 아빠 모임을 통해서 아빠들이 함께 성장하고 있음을 알 수 있다.

모든 인간관계가 그렇듯, 부모와 자식의 관계도 조금씩 변하나 보다. 같이 나이를 먹어가는 아빠들끼리는 해가 거듭할수록 정이 끈끈해져 간다. 아이는 이제 성인이 되어 자기만의 세계와 가치를 찾아 멀어져 간다. 아이에게 여전히 좋은 친구로 남기 위해서는 지금보다 더 말랑말랑한 가슴으로 아이를 대해야겠다는 다짐을 한다. 이렇게 시간이 지나면 변하는 관계를 여전히 좋은 관계로 유지시키는데, 가장 큰 밑거름은 아빠들 간의 튼튼한 네

트워크에 있다. 행복한 가정, 좋은 아빠가 되도록 서로 자극하고 격려하는 선한 마음, 이것
이 '좋은 아빠 모임'의 가장 큰 힘이며 자랑이다.

페스탈로치는 '어버이의 삶을 부정하게끔 가르치는 교육은 썩은
교육'이라고 하였다. 아이들이 부모의 일과 삶을 존경하는 것만큼 더
없이 훌륭한 교육은 없을 것이다. 부모의 사랑과 관심, 부모의 땀에서
묻어나는 진실을 느끼면서 자라는 아이들은 누구보다 행복하게 성장
한다. 이것이 교육기관과 삶의 현장이 통하는 참된 교육이며, 건강한

사회로 나아가는 근본적인 변화의 시작이 될 것이다.

엄마들의 모임 — 동화책 읽어주는 엄마 모임

유아 교육기관에서는 보통 부모들이 불쑥 방문하는 것을 부담스러워 한다. 선생님들도 사람인지라 매 순간을 흠잡힐 곳 없이 지내는 것은 불가능하기 때문이다.

YMCA는 이것을 깨려고 했다. 조금 더 적극적인 방법으로 엄마들이 정기적으로 아이들과 만나는 시간을 가진다면 아이들이나 교사들의 생활을 더 깊게 이해할 것이라 여겨서였다. 엄마들이 함께 준비를 하여 각 교실로 들어가 동화책을 읽어 주는 엄마 선생님을 하기로 하였다. 이 활동을 위해서 엄마들은 먼저 그림책 전문가를 모셔서 강좌를 들었다. 전문가에게 배운 내용을 토대로 하여 엄마들은 동화책 읽기 연습을 하고 어린이와 그림책 혹은 옛이야기에 대한 책을 읽고 북아트도 해 보았다. 이렇게 엄마들은 아이들과 그림책에 대한 공부를 시작했다.

금요일이 되면 두 시간 전에 모여서 가정에서 준비해 온 그림책 두세 권을 서로 나누고 일상의 이야기와 고민들도 나누며 아이들과 그림책을 통해 직접 만나기 위한 준비를 한다. 시간이 되면 교

실에 두 명씩 들어가서 한 분은 그림책을 읽어 주고 다른 분은 모니터링을 한다. 아이의 입장에서 들어보고 부족한 부분이 무엇인지 교실에서 직접 경험한다. 아이들은 쉽지 않은 신화나 역사를 그림책이나 이야기 형태를 통해 배운다. 그래서 아이들에게 이야기나 그림책이 중요한 배움의 통로가 된다. 그렇기 때문에 더욱 동그리 활동이 의미가 있다.

엄마들은 아기스포츠단으로 직접 들어와 아이들을 만나면서, 몰랐던 일이나 선생님의 이야기로는 긴가민가했던 일들을 직접 눈으로 보게 되었다. 동화책 한두 권만 읽어 주어도 까만 눈동자를 반짝거리며 집중하는 아이들, 책을 다 읽어 준 엄마에게 꾸벅 허리 숙여 인사하면서 "고맙습니다"라고 인사하는 아이들에게 감탄한다. 엄마들은 나의 아이뿐 아니라 다른 가정의 아이들에게도 관심과 애정을 갖게 된다. 엄마가 이야기하는 한 단어 한 단어, 몸짓과 표정까지 온몸으로 흡수하는 아이들을 보게 되었다. 다음에 또 언제 오냐며 기대하고 기다리는 아이들을 보면서 더 좋은 책, 더 재미있는 책을 고르고 더욱 열심히 준비한다. 또한 가정에서도 더 많은 시간을 아이들과 이야기를 나누거나 그림책도 더 자주 읽어 주며 아이와 교감하는 시간이 늘어났다고 한다.

우리 아이는 때리면 맞고만 있는 줄 알았는데 밀고 때릴 줄도 아는구나. 집에서는 김치도 안 먹는데 선생님은 자꾸 잘먹는다하고 정말인가 싶었는데 진짜로 먹는구나. 가끔 머리핀을 잃어버리거나 약을 못 먹고 오거나 옷이 바뀌거나 하는 일들을 겪으면, 선생님이 우리 아이만 못 챙겨주나 싶었다. 그런데 여러 아이들이 정신없이 왔다 갔다 하고 이런 저런 상황들이 갑자기 벌어지고, 하나 수습하는 동안 다른 사건이 또 터지는 그 순간들을 직접 보면서 '아 선생님의 몸에 한계가 있구나' 하는 생각들을 하게 되었다고 한다.

아이들과 함께 지내는 선생님이나 교육기관에 대한 이해의 폭이 넓어진다는 것은 아이들의 교육에 더 많은 관심이 생겼다는 것이기도 하고, 더욱 적극적으로 교육 과정 만들기에 함께할 수 있는 준비도 되었다는 뜻이리라 생각된다.

그만큼 교육은 선생님이나 교육기관이나 사회가 책임져야 한다는 소극적인 태도에서 벗어나 가장 중요한 아이들 양육의 주체가 엄마 아빠라는 사실, 교육기관과 협력하여 함께 아이들을 키워야 한다는 사실, 내 아이뿐 아니라 다른 가정의 아이들도 똑같이 소중하고 더불어 건강하게 잘 자라는 것이 중요하다는 사실 등을 알아 갔다. 이는 엄마들이 동화책 읽어 주기를 통해 아기스포츠단과 구체적으로 만났기 때문에 이루어진 일이다.

부모 강좌 ─ 교육을 통해 성장하는 부모

아이가 세상에 태어나 처음 경험하는 작지만 큰 의미를 가진 사회인 가정, 그 가정 안에서 부모의 역할은 너무나 중요하다. 부모는 아이가 자라면서 더 큰 사회로 나가는 데 길잡이가 되어 주고 큰 힘이 되어 줄 사람들이다. YMCA 교육은 아이, 부모, YMCA가 함께하는 교육임을 인식할 때 더욱 건강하고 올바른 교육이 이뤄진다고 본다. 이에 아이의 성장만이 아니라 부모가 함께 성장해 갈 수 있도록 교육의 기회를 제공해야 할 필요성을 느낀다.

시대와 사회의 분위기에 따라 교육 내용도 많이 달라지고 있다. 가정 안에는 부부가 중심이 되어 아버지와 어머니의 역할이 존재함을 인식하고 '자녀 교육은 엄마의 몫'이라는 생각에서 벗어나 부모 모두가 교육의 장으로 나올 수 있도록 해야 한다. 이에 YMCA에서는 부모들의 요구와 관심사를 잘 파악하고 부모들에게 꼭 필요한 내용을 교육 내용에 담으려고 한다. 다음은 아버지 강좌를 들었던 한 아빠의 소감이다.

교육 내용은 대부분 항상 마음에 담아 두고 있던 것들이었다. 다만 그 실천이 뜻대로 되지 않는 것이 항상 걸렸는데, 이번 교육을 계기로 사소한 것부터 직접 행해 보자는 동기를 마련하게 되었다. 알고도 행하지 않는 것은 차라리 모르는 것만 못하다는 말이 있듯이, 표현하지 않는 사랑은 아이에게 아무런 의미가 없다는 것을 깨닫는 계기가 되었다. 그 표현이 그리 어렵지 않다는 걸 이번 교육을 통해 배웠다. 실제로 첫 수업 이후 건우를 대하는 태도에 있어서도 변화가 생겼다. 그동안 아이가 내 행동에서 어떤 느낌을 받았을지 돌이켜 보니 심히 부끄러워 민망했다. 이번 교육의 가장 큰 수확은 아이를 대하는 태도의 변화이다. 그걸 느끼게 해 준 강사와 선생님들에게 감사를 드리고 싶다. 특히 선생님들을 직접 만나니 아이들을 얼마나 사랑하는지 느낄 수 있었다. 부모 입장에서 더욱 자극이 되었다.

위 글은 아버지 강좌를 듣고 나서 반모임 소식통에 올라온 것이다. 매번 부모 교육을 실시하면서 '교육이 잘 되고 있나?' 걱정하게 되는데, 이 글을 보니 더 실질적이고 실천적인 교육 내용을 담아야겠다는 다짐을 하게 된다.

이제 집에서도 실천해 볼까

먹을거리 교육

사람은 자신이 먹었던 음식의 맛을 뇌에서 기억하기 때문에 어린 시절(심지어 태내식)의 식습관이 평생을 좌우하게 된다. 공장과자 안 먹기 운동은 어려서부터 아이들 입맛이 가공식품(단맛, 고소한 맛)에 길들여지는 것을 막아 보려는 교육이다. 이 가정 연계 활동을 통해 가공식품과 패스트푸드보다는 자연이 준 먹을거리로 생명의 밥상을 차리고 우리의 식습관을 바꾸어 보고자 하였다.

사람의 몸을 구성하고 있는 세포는 짧게는 일주일에서 길게는 6개월을 주기로 대부분 교체된다. 따라서 우리가 살아 있는 생명의 밥상을 받으면 우리 몸에서 생명의 기운이 넘쳐나게 될 것이고, 우리가 농약과 화학비료가 잔뜩 들어간 농산물이나 화학 첨가물과 색소로 오염된 가공식품이나 패스트푸드를 먹으면 몸이 병들게 되어 있다.

아이들이 좋아하는 간식은 대부분 과자류이고, 그 과자는 대부분 공장에서 대량 생산된 제품이다. 또한 공장에서 만든 과자는 대부분 몸에 나쁜 화학 첨가물이 많이 함유되어 있고, 고온과 고압의 제조 과정에서 트랜스지방과 같은 나쁜 물질이 생성되기도 한다. 특히, 아이들이 좋아하는 과자로 대표되는 가공식품과 패스트푸드 대부분이 이런 첨가물(색소, 조미료, 나쁜 지방, 정제당)에 오염된 식품들이다.

가공식품을 만들 때 보존과 유통기한을 늘리고, 색깔이나 맛, 모양

을 좋게 하기 위해 여러 가지 화학물질을 첨가하게 된다. 이것을 식품 첨가물이라고 한다. 이러한 식품 첨가물들은 대부분 인공이기 때문에 '화학 첨가물'이라고 한다. 트랜스지방 또한 음식을 조리하는 과정에서 만들어지는 지방으로, 필수지방산의 활동을 저해하는 독성 물질이다. 이러한 화학 첨가물이나 트랜스지방은 우리 몸에 들어가면 50퍼센트에서 80퍼센트가 우리 몸에 남게 된다. 그렇게 쌓인 화학 첨가물과 트랜스지방은 우리 아이들의 면역 기능을 떨어뜨려 각종 질병을 앓게 만들고, 뇌세포를 교란해서 주의력 결핍이나 과잉행동 증상까지도 보이게 한다.

화학 첨가물 중에서 대표적인 성분 두 가지 정도를 이야기해 보자. 우리 아이들이 좋아하는 사탕, 아이스크림, 젤리, 각종 음료수 등 공장과자의 거의 모든 제품에 들어가는 타르계 색소는 그 주성분을 석유에

엄마와 공장과자 먹지 않겠다는 서약식을 하였다. 그리고 장미꽃을 물, 커피, 콜라에 넣고 꽃이 시드는 모양을 관찰하였다. 정말 색소가 들어간 음료가 얼마나 나쁜지 실험을 통해서 확인하였다. 친구들과 함께 공장과자 먹지 말자는 현수막을 만들었다.

서 추출한다. 붉은 색을 내는 적색 2호는 암을 일으키고, 황색 4호는 천식을 유발하며, 청색 1호는 과잉행동을 일으킨다. 식품 속의 세균을 억제하고 갈변을 방지하기 위해 넣는 아황산나트륨은 강산성으로 식도의 위점막을 자극하며, 신경염, 만성기관지염, 천식을 유발한다. 아이스크림 속에는 당류, 향료, 안정제, 점조제, 지방, 유화제, 감미료 그리고 각종 화학 첨가물이 들어 있다. 이런 성

분들은 우리 아이들의 비만은 물론이고 신장 장애, 심장병, 기형 발생 원인으로 작용하고 강한 중독성을 보이며 정신질환까지 가져오기도 한다.

이에 공장과자 안 먹기 운동은 온갖 첨가물에 오염된 과자와 가공 식품, 패스트푸드를 먹지 않고 자연이 준 재료만으로 맛있는 밥상을 차려 보는 가정 연계 실천 운동이다. 가정에서 실천의 주체가 되는 엄마와 아빠의 생활 실천 약속을 세우게 하고 기간 정함 없이 생활 약속 실천에 대한 돌아보기를 지속하도록 한다. 먹을거리에 대한 실천이 하루하루 반복되어 몸에 익어야 하고 생활도 자연스러워져야 한다.

아래는 실제로 공장과자 안 먹기의 가정 연계 실천 운동을 하면서 한 엄마와 나눈 이야기다. 이 엄마는 아이의 식습관은 자신의 책임임을 절감하고 생각을 바꾸어 음식을 바꾸겠다고 결심한다.

아이를 키우기 전에 공장과자를 비롯한 모든 인스턴트식품을 안 먹일 거라 생각했는데 워낙 안 먹었던 아이를 달래다 보니 온갖 인스턴트식품들을 다 먹이고 있더라고요. 잘못된 식습관으로 온 변비, 그리고 지난 겨울 내내 아이를 괴롭혔던 아토피를 겪으면서 자연 음식의 소중함을 다시 한 번 느꼈어요. 아이 스스로도 그런 음식을 안 먹으려고 애쓰고 있어요. YMCA에서 공장과자 안 먹기 운동을 진행해 주셔서 정말 감사해요. 아이뿐 아니라 온 가족이 자연 밥상으로 바꾸어 건강하고 튼튼하게 거듭날게요.

또 다른 엄마의 아래 글을 보면, 우리 실생활에서 가공식품과 인스턴트식품이 얼마나 깊숙이 자리 잡고 있는지 알 수 있다.

우리들 식탁에 가공식품이 아주 깊숙이 들어와 있네요. 잘 모르고 애들이 좋아해서 먹였던 어묵 국, 참치, 동그랑땡 같은 것들도 한 달에 한두 번으로 줄여야겠어요. 우리 몸에 좋지 않은 음식들을 접하는 시기를 늦추고, 최대한 적게 노출시킨다는 생각으로 식단을 짜야겠어요. 공장과자 안 먹기 운동을 하기 전에는 소고기, 돼지고기, 닭고기를 식탁에 자주 올렸는데, 육류를 배제하고도 얼마든지 맛있는 식단을 짤 수 있다는 걸 깨달았습니다.

TV 끄기와 바르게 보기 교육

YMCA에서는 'TV 끄기' 교육을 통해 TV를 끄고 지내며 자신과 가족의 삶을 돌아보는 한편, 나와 가족들이 얼마나 많이 TV에 길들여진 채 살아가고 있는지를 깨닫고 성찰해 보는 기회를 갖는다. 또한 TV 시청 외에 가족들이 함께 할 수 있는 즐겁고 유익한 활동을 경험한다.

어린 시절 무분별한 TV 시청은 청소년기의 컴퓨터 게임 중독, 약물 중독 등에 영향을 준다는 연구 결과가 있다. 어린 시절 TV 시청을 많이 하면 청소년기에 학업 성적이 떨어지고 비만의 원인이 되기도 하며, 일찍 사춘기를 맞이하고 성 경험도 빨라진다고 한다.

텔레비전을 별 생각 없이 켜 놓고 생활하는 일반 가정을 보면, 아이들과 부모 사이에 보통 대화가 없다. 아이들과 부모들은 삶을 죽이는 소음과 화면에 무방비 상태로 드러나 있다. 텔레비전이 아닌 일상생활에는 모든 감각과 자신의 마음을 주변 세계와 만나게 하는 맛이 있고, 소리와 냄새가 있다. 텔레비전을 보는 아이들은 자신의 몸과 시선, 감각을 묶어 놓은 채 텔레비전에서 쏟아지는 소리와 화면에 몰입하게 된다. 몸과 감각은 고정되어 있으며, 그때 아이들의 호흡과 감각은 꽃을 가만히 바라볼 때와는 다른 호흡과 신체 리듬을 갖게 된다.

텔레비전에는 살아 있는 만남이 없다는 이야기이다. '연속극 보느라고 음식을 다 태웠지 뭐야! 냄새나는 것도 모르고……' 감각이 그렇게 답하는 셈이다.

- '노래하는 나무' 중에서

YMCA 아기스포츠단에서는 수업을 통해 'TV 끄기 운동'을 왜 하는
지, TV는 어떤 부작용이 있는지, 스마트폰을 왜 많이 하면 안 좋은지
등을 함께 나누어 본 후 'TV 끄기 운동' 스티커를 TV에 붙이고 가정에
서 가족과 함께 'TV 끄기'를 실천한다.

아이들과 함께 지내다 보면 TV 및 미디어에 많이 노출되어 있음을
쉽게 느낄 수 있다. 광고에 나오는 노래나 유행하는 가요를 신나게 따
라 부르고 나보다 드라마 내용을 더 잘 알아서 유행하는 드라마 내용
을 실감나게 이야기해 주는 친구들도 있다. 집에서 밥을 먹을 땐 늘
TV를 켜 놓고 만화를 보면서 먹는다는 친구가 있기도 하다.

아래는 TV 끄기 운동을 경험한 한 부모와 나눈 글이다.

처음으로 이렇게 긴 시간 동안 TV와 이별했
던 것 같네요. 처음엔 어색하고 뭘 하고 놀지
하던 아이들도 조금은 익숙해져 가며 다른 놀잇감
도 찾고 더 즐거워 보이는 모습에 운동 기간이 끝
나도 조금씩 줄여 보아야겠다는 생각이 드네요.
아이들보다 더 힘들어하는 아빠 모습을 보며 어쩌

면 어른들이 먼저 변화해야 하는 게 아닌가 하는 생각도 해 볼 수 있는 기회였어요. 이번
에는 아쉽게 하루 실패를 했지만 내년에는 기필코 일주일을 채워 보리라 다짐합니다.

이 글에서도 알 수 있듯이 TV를 보지 않는다는 게 말처럼 쉬운 일
은 아니다. 하지만 아이들과 TV 끄기 운동에 대한 수업을 진행하며

느낀 것은, 우리 아이들은 분명 TV를 보는 것보다는 엄마 아빠와 함께 하는 시간을 훨씬 행복해 한다는 사실이다.

《내 아이를 지키려면 TV를 꺼라》라는 책 속에는 'TV 시청은 착각이요, 습관이요, 중독이다'라는 말이 있다. TV는 우리들을 착각에 빠져들게 만들고, 습관적으로 TV 앞에 앉게 만들며, 결국은 중독되어 몸과 마음을 망치게 된다는 건 누구나 알고 있는 사실이다. 하지만 알고만 있는 것과 그것을 실천하는 것은 하늘과 땅 차이다. 어른들보다 아이들에게 훨씬 위험한 TV와 스마트폰을 우리 어른들이 먼저 멀리 해야 하지 않을까 생각한다.

'TV 끄기' 운동 주간을 통해 우리는 TV를 보지 않고 잘 지낼 수 있음을 알게 된다. 이 기간을 통해 유익한 프로그램을 스스로 선별해서 고르고, 보고 싶지 않을 때에는 끌 수 있는 힘을 기르고자 한다.

실제로 2005년에서 2013년 사이에 'TV 끄기' 운동에 참여한 YMCA 가족들의 활동보고서를 보면, 가족과 지내는 시간이 1시간 이상 늘어났다. 뿐만 아니라 독서 습관도 기르게 되었고 TV 시청 시간도 많이 줄었다. 이 운동에 참여한 대다수 가정이 TV를 끄고 일어난 생활의 변화에 매우 만족한다는 말을 하고 있다. 이에 'TV 끄기' 교육을 통하여 TV가 자신의 삶에 미치는 영향을 더 잘 이해하고, 더 효과적으로 TV 시청을 조절할 수 있는 힘을 기를 수 있도록 해야겠다.

생명을 소중하게 생각하는 교육

YMCA에서는 부모들과 함께 생활운동으로 생명, 평화, 공동체의 가치를 내면화하는 교육을 하고 있다. 부모들은 생명을 소중하게 생각하기, 마음에 평화, 마을에 공동체 이루기를 위한 생활 운동을 전개한다. 손수건 가지고 다니기, 자기 컵 가지고 다니기, 공장과자 안 먹기, TV 안 보기, 일회용품 안 쓰기, 소박한 밥상 차리기 등을 아이들과 실천하면서 더불어 변화하는 삶을 이루어 나가고자 한다.

우리의 현실은 우리 자신의 이기적 행복을 위한 대량 생산, 대량 소비, 대량 유통으로 공기, 물, 토양 등 만물들이 상처투성이가 되어 죽어 가면서 신음 소리를 내고 있다. 이와 같은 전 지구적 위기는 모든 사람들이 함께 참여할 때만 해결할 수 있는 문제이다. 그러나 문제는 환경 위기, 생태 위기 등 논의는 무성하지만 실천이 턱없이 부족한 현실이다. 더구나 지금까지 해 온 실천은 개인적인 실천에 머무르거나 실천과 실천이 단절되어 있었다. 이러한 방식으로는 전 지구적 위기를 해결할 수 없으며, 문제 해결을 위한 새로운 방식이 절실히 요청된다. 그러한 의미에서 YMCA 아기스포츠단은 '3%의 살림 네트워크'를 꿈꾼다.

바다가 3%의 염도로 완전해지듯이, 3%의 실천
하는 살림꾼이 이루어 가는 살림의 아기스포츠단을 꿈꾼다.
- 안양YMCA vision 3 중에서

그리고 아기스포단에서는 대부분 건물 옥
상이나 주변을 이용한 텃밭활동을 하고 있다.
텃밭활동을 하면서 자연과의 교감을 중요한
교육활동으로 보고 있다. 키우고 수확하는 것
뿐만 아니라 다양한 체험을 통해서 지구를 이
해하고 오감을 충족시키는 통합적인 교육이
이루어진다. 이곳에서 아이들은 즐거운 마음
으로 농사의 진행 과정을 즐기고, 씨앗을 틔
우고 싹이 나는 과정을 관찰함으로써 생명을
키우며 흙을 만지면서 벌레와 잡초와 함께 살
아가는 생태계를 체험하게 된다.

아이도 부모도 성장하는 교육

'YMCA 아기스포츠단 교사는 유치원과 어린이집의 교사와는 어딘지 모르게 다르다'라는 이야기를 하듯이, 아기스포츠단 부모도 무언가 모르게 다른 부분이 있다. 그것은 아기스포츠단을 선택하는 순간부터 다른 부모들이 가지고 있지 않은 남다른 교육관을 가지고 있다는 것이기도 하지만 아이가 아기스포츠단에 다니는 동안 YMCA에서 아이가 성장하는 것만큼 부모도 함께 성장한다는 의미를 담고 있다.

YMCA 아기스포츠단에서는 가정과 연계된 교육을 항상 고민하고 계획하고 있지만 실제로 교육은 생활 속에서 늘 이루어져야 한다. 부모들과 마주치는 순간순간이 교육이며, 삶 속에 묻어나올 수 있도록 해야 진정한 교육이라 생각한다. 대체적으로 교사와 부모는 조금은 불편하고 서로에게 조심스러운 관계라고 생각하기 쉽다. 하지만 YMCA 안에서 교사와 부모는 아이를 함께 키워 나가는 동역자의 역할임을 인식하고 교육에 관한 이야기들을 언제나 편안하게 나누면서 아이를 위한 교육적 합의를 함께 만들어 가야 한다. 조금은 불편한 이야기들도 당당하게 나눌 수 있는 유기적 관계를 만들어 가기 위해 끊임없이 노력해야 한다.

부모 교육을 통해서 부모들이 성장하며 변화하고 교사-부모 관계가 원만히 이루어진다면, YMCA 교육의 이해도가 높아져서 가정에서의 실천이 더 잘 이루어지리라 믿는다.

YMCA 교육을 통해 아이와 부모, 나아가 가정의 변화가 이루어지고 넓게는 지역사회의 변화까지 이루어졌으면 한다. YMCA에서 추구하는 몸, 마음, 생각이 고른 성장을 이룬 아이와 부모들을 통해서 YMCA의 부모들뿐만이 아니라 이런 생각을 공유하는 분들이 지역사회에 더욱 많아졌으면 한다. 이를 통하여 YMCA에서 이루고자 하는 교육이 지역사회 속에서 함께 나누고 배우며 성장하여 변화를 일으키는 일시적인 교육운동이 아닌 지속적인 교육운동으로써 올바른 교육 문화와 생활 문화를 만들어 나갔으면 한다.